順應人性

Fully Human

活化超感知和身心系統
過上自己真正想要的生活

Steve Biddulph
史提夫·畢度夫——著
心意——譯

我們所思，少於我們所知，
我們所知，少於我們所愛，
我們所愛更是遠不及所有存在。

—— R.D.連恩（R.D. Laing）

你的頭裡有大腦，
鞋裡有雙腳，
你可以選擇並瞄準任何方向前進。

—— 蘇斯博士（Dr. Seuss）

各界推薦

「傷口是唯一的出口。」

我期待這樣的一本書很久了。

我在三十四歲那一年做了第一次心理諮商，我的人生從此改變。

這其實是一個生命的整合的課程，整合過去所有發生在你身上有意識或沒意識的事件，整合你的腦子、身體、情緒、靈性，然後發展出一套你與世界最好的互動方式。

看了書才知道，整合出來的，稱為「超感知」。它不但保護我，也幫助我做出對自己最好的決定。

一如作者史提夫想傳達的：「一旦整合你的四層心智，喚起內在和諧，無論世界如何變化、動盪，你都能優游其中，不受侵擾。」這才是活著。

先看書把自己拼湊回來吧。

——**丁寧**（暢銷作家／金馬影后／瑜伽老師）

人是複雜的意識結合體，此書提供簡易認知架構。超感知是感知的深層，這是更深的自己，意識結合體的主人，身體的狀態是超感知的語言，此書生動展示其中關聯，以便利用。身體和心理是豪宅，就像打掃、修整、裝潢房子一樣，照顧好，便能自行運作。主人和家屋配合，需要很多練習，以故事和遊戲方式進行，本身即樂趣。

——**劉慧君**（食氣引導者／自主學習推廣者）

身體、情緒、思想與靈性，一直都是諮商室中常被提及、討論的主題。儘管如此，這些聽起來十分熟悉的詞彙，雖然「耳熟」，卻非人人「能詳」。本書以這四大概念作為架構，逐步引領讀者更深入地認識這些概念，再一邊將分散的拼圖合而為一。透過這條整合之路，我們得以成為Fully Human，成為自己。

——**蘇益賢**（臨床心理師）

— Contents —

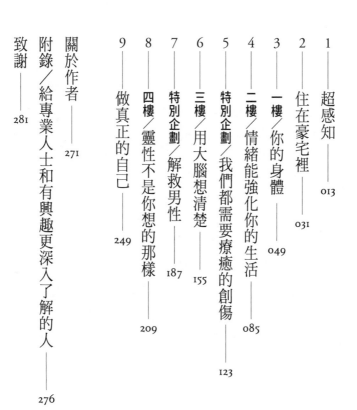

歡迎

本書的目的是要協助你能更自在地優游於內心，以「照亮」那些你幾乎不曾注意到的所有意識階層。一旦你的內在甦醒，它們會自然和諧地運作，而你可以活在更有力量、更整合且更有宇宙感的生命中。

書中內容是根據最新的神經科學，配合頂尖的心理治療，以及結合了我畢生協助形形色色的人在面對生命最糟的情況下，依然能夠療癒和成長的經歷。基本上，我是寫給任何一位覺得生命不僅只於此，而且我們可以在這世上活得更有意義的人。

本書含括兩個關鍵概念：第一是「超感知」，就是身體在你活著的每分每秒，傳達訊息的方式。這些訊息常是較為迅速、細微，而且比「意識腦」所知的更為聰明。然而，多數人都對這些訊息完全予以忽視。

第二是「四層樓豪宅」，這是個容易掌握、能夠探索多層次心智的方式，並且讓四層心智共同運作——而不是將你拉扯撕裂。這個方法很簡單，連五歲小孩都學得會；然而這個方法也很深奧，甚至對內心受創嚴重的成人都有幫助。

這本書充滿著私密的故事、旅程以及掙扎，就像是你在生活中可能經歷的，然而你不需要多做什麼，只需要懷著一顆好奇心，繼續閱讀就可以了。如果願意的話，書裡也提供了一些練習幫你加速學習。本書的教導可讓你每天應用，並用上一輩子。

我希望你的生命能因此有所轉變，而且這轉變也能傳播給你身邊的人，讓我們一起合作讓孩子以及後代的子子孫孫過得更好。藉由理解我們與萬物的連結一直都在，進而相互珍愛，以及愛護周遭的自然萬物。你的內心知道該怎麼做，你只需要喚醒他／她。

史提夫・畢度夫

Chapter

– 1 –

超感知

Supersense

安蒂・李維林是個兼職的家庭醫生，也是育有兩個女兒的母親。她過了美好的一天，有父母幫她帶孩子，她也請了半天假到城裡和朋友一起吃午餐。返家途中，她在郊區車站下了車，風轉涼，她踏著輕快的步伐走到停車場。在手提袋裡翻找著車鑰匙一會後，終於打開了車門，坐進車裡的同時，她也在眼角瞥見遠處有位年輕男子正朝她這走來。

她發動車子時，那位男子越來越靠近，並對她叫喊著什麼。他的衣著體面，長得也頗俊俏，看似需要她的幫忙，也許他是丟了東西，或迷路了吧！她從小到大所養成有禮貌的好習慣正拉扯著她的良知，忽視他人是違背她本性的行為，她的手甚至不由自主地搖下了車窗，然而，她卻在肚子裡感覺到了一種微弱的糾結感，她一反常態，幾乎是驚慌失措地迅速開車駛上大馬路。透過後照鏡，她看到男子呆立原地，一動也不動地盯著她看。即使回到家心臟仍狂跳，她思忖著：「我是怎麼了？」

父母和女兒熱情地問候她，安蒂也把剛剛發生的事情告訴家人。後來她看到當晚的電視新聞報導，一名男子在郊區火車站（就是她下車的那一站）附近被警察逮捕。該男子試圖持刀綁架一名年輕婦女，她放聲尖叫並進行反擊，所幸當時有另外兩名婦女開車進入停車場，把男子嚇跑了。安蒂瞬間想到，這名受害者有可能是她，她也想到後面那位受到襲擊的女子……安蒂的丈夫走進客廳時嚇了一跳，他發現妻子正在沙發上發抖、啜泣著。

他們一起向警方報案。當晚有兩名警探帶著相片前來，她指認出那位當時走向她的男子。警探向她道謝，並說她非常聰明地「避開」了那男子（他們很小心地避免使用「逃離」這個字眼）。當她丈夫送警探到門口時，安蒂又再次忍不住地全身顫抖了起來。

當我還是個菜鳥治療師時，安蒂是我的病患。在那個多風的下午，她安全地也僥倖地逃過一劫，因為她聽從了一些非常具體的信號——實際上就是她的「直覺」。為了保護自己的生命，她直覺地依照需要做出反應。這是人類固有的一種反應，也是我們能存活數千年的本能。

自史前時代以來，危險總是存在著，因此人類需要高度的感知力確保自身的安全。我們會對瞬間無聲的鳥類、樹林間細微的動靜先產生反應，然後大腦才會去思考下一步該採取什麼行動：隱藏、逃跑、發出警告，或只是放鬆地說「歡迎回家」。我們的大腦非常擅長此道，在我們有時間思考或推理前，訊息早已通過知覺傳入，並立即得到了處理和評估。這就是你的「超感知」，它會分析複雜而微妙的訊息，以判斷有什麼重要事物是你所需要注意的。

超感知時時刻刻都這麼運作。在神經科學對此做出適當解釋前，它一直被稱為「直覺」或「第六感」，但它兩者都不是。這是大腦所擁有的一種非常先進的能力，它可以用驚人的速度整合感官訊息，並貫穿你一生累積的回憶，以查看它是否「有此記憶」。然後，你的超感知會執行它的第三個奇蹟能力：**讓你知道**。它會觸發肉體強烈的變化以便警告你（比言語快）眼前的事態很緊急。而且，如果你像安蒂一樣，有意識到並與內在「保持連結」，就可以收到這訊息。

現代人類已被五花八門的方式，直接或間接地告知「大腦是人體最聰明的器官」。我們說的大腦指的是大腦那薄薄的「橙色外皮」（前額葉皮層），它可以進行有意識的言語思考，從「我鎖門了沒？」到「我要不要訂網飛（Netflix）？」等生活大小事無一不管。這個部分的大腦確實令人印象深刻，但是，跟我們的超感知相比，它還只是個蹣跚學步的嬰兒。當你了解超感知是如此強大且超越我們所能理解的，你會對它佩服得五體投地。我們眼前可是擺著一個新世界供探索呢！

你也擁有這種超感知，並且在閱讀本書的過程中，將學習如何運用它來提高個人、家庭、工作、朋友等不同領域的生活水準。超感知永遠存在，它不僅可以確保你是安全的，還可以引導你做選擇，並最大化你的生活幸福感。你擁有一個精湛、微妙，且強大的信號系統，本書會教導你如何善用它。

我們幾乎失去它

我們的內部感知系統是人類的基礎配備。令人驚訝的是，我們在現代社會裡完全忘了這些感知的存在，從小我們就沒被鼓勵去聆聽那些感受。因此，即使我們模糊地意識到內在令人沮喪或疑慮的警告信號，或意識到敦促、渴望的積極信號，我們大多予以忽視。這可不是件小事，沒有這些資訊，我們可能過著大小錯誤不斷的生活，可能嫁錯人、入錯行，或是錯過了自己孩子的警示訊號而鑄成大錯；又或者，我們不該只是為了免費吃大亨堡而花時間當志工。

我們的超感知演化成大腦的主要指導系統，那是大腦理解事物對我們是好、是壞，安全或不安全的方法。如果我們失去此連結，那麼整個一連串的過程會全盤出錯。我們不會對自己是誰或想要什麼有強烈的自我意識，我們可能會開始在人際關係中亂了方寸，並發現家庭開始破裂。忽視內心的疑慮，可能讓我們失去與自我價值的連結，很快我們會覺得自己活在謊言中，成為陳腐和虛偽的集合物，所做的任何事都沒有力量或真實性……你覺得這些聽起來熟悉嗎？

如果這聽起來很熟悉，那麼本書會為你帶來希望：無論你正在生活中哪個面向苦苦掙扎，都是可以改變的。你可以喚醒自己的超感知、開始了解自己是誰、什麼對你很重要，然後將「整體性」重新帶回你的生活。你的生命會有更多可能性！如果你懷疑它的真假，請允許我展示一些你也能查到的證據。

回顧一下自己的生命，你應該都遇過一些看似不同且特別的人（好的那種），他們就是比周遭其他人有活力且真實。我們都會特別注意到這類人，事實上，我們打從一開始就「超感知」到他們了，證據也隨著時間的推移浮現。

這些人通常具有三種特質：第一是氣質儀態：他們看起來踏實、不疾不徐，他們往往注意力集中，與人相處時都非常專注於當下。第二是風度舉止：他們雲淡風輕地看待自己與生命中的起起伏伏，但同時，在緊要關頭下他們會瞬間變得凶猛而嚴肅。他們會保護他人、保護世界，跟他們在一起你會覺得很安全。第三是不守規範：他們可能與他人相處融洽，但並沒有活在一般行為準則中。他們對自己真實，且不輕易隨著瘋狂的社會起舞。

一位「順應人性」的人會在群眾中脫穎而出，這些人似乎是在更整合的層次上生活著。他們的心、腦、靈性都和諧地一同往前邁進著。

大腦科學發現，這種活力是一種心理能力被活化後所呈現的神經狀態，而且我們所有人都有這能力。超感知只是個開始，也是人格成形的核心。一旦你能讀懂自己的超感知，就可以往上層移動到情緒、思想，以及與周遭萬有連結的感覺。你的意識就像是棟多層樓的豪宅，你可以打開所有房間，並享受它們提供的所有服務。隨著這能力的啟動，你將自動開始變得更為整合，那些存在於感受、行動和價值觀之間的矛盾感將逐漸消失，你會變得更合一並感到更為健全。

本書會教你用一些新的方法聆聽超感知，然而它並不複雜，即使五歲的孩子也能熟練地掌握這方法。這是一輩子都能使用的一套工具，從你開始使用的第一天起，你就會發現它已經讓生命變得有所不同。

這並不只關乎危險

我們的超感知起源於史前時代。人類在早期並不是很有出息，不是在大草原上四處亂逛、打碎獅子吃剩留下帶有骨髓的骨頭，就是在非洲湖邊吮吸蝦蟹貝類。我們和花豹或楔尾鷹（澳洲最大的猛禽）同樣有著敏銳的感官和高度戒備的神經系統，但我們沒有爪子或尖牙，也不是特別強壯或體型巨大。我們雖然處於食物鏈上很低的位階（也就是說我們可能是其他動物眼中美食），但有個東西對我們很有利。基本上，也正是這技能將我們帶向浩瀚宇宙，也是這種能力引領人類從事醫學、藝術、音樂，烹煮等一切事物的關鍵。

正因為我們現代人（homo sapines，即智人）超級合群，因此我們的物種能在緊密聯繫的家庭群體中生活、工作，並透過相互照護（至少在大多數時候）生存下來，並掌握我們的世界。獨自一人很弱小，但群體力量強大，即使穴熊[1]都聞風喪膽，因為挑戰了一個人類，就等於挑戰了一個人類族群。

互助工作需要大量的協調和社交技巧。因此，即使在語言還沒發明前，我們也必須知道如何看透彼此、避免衝突、緩解恐懼或緊張的氣氛。我們是唯一一種眼白隨時可見的動物，因此可以跟隨彼此眼神凝視的方向。與其他物種相比，我們臉上的情緒表達更為多元，這可幫助我們評估彼此的情緒，既可大大減少危機爆發，也可以建立緊密的親密關係和樂趣，而且我們也是個富有創造力、趣味，且充滿愛心的物種。

如今，會吸引遊客體驗狩獵旅遊或體驗第三世界鄉村社會的其中一個原因，就是當地人們流露出的歡笑、熱情和真摯的情感。一直以來，人類都知道這件事，直到西方社會進入工業化世界。這些樸實的文化擁有我們已丟失的人類本質，相較之下，當代的城市居民看起來猶如殭屍一般。

時至今日，我們仍運用大腦閃電般快速的處理功能，來判讀他人肢體語言所傳達的微小信號，像是臉部變化、語句的轉換，以及一些似乎沒什麼道理的小細節。這也是為什麼，當我們的孩子對某事感到困擾，或是沒把事實全盤托出時，我們會知道；或是，當伴侶對我們有所保留，即使只是生日驚喜，我們會知道；或是，當業務交易的結果與事實不符時，我們會知道。這種信號系統早在人類發明語言之前，就出現了。

因此，**我們的超感知語言是與身體臟器有關的，並不是話語表達**。它可能出現在你的胃部、下巴、肩膀肌肉、腸子、生殖器等，實際上它就在你體內，且無所不在。如果你想找到自己的「直覺」，只需將注意力轉移到體內，尤其是你的心臟、消化道。不過，「直覺」可能出現在任何地方，你就是會覺得身體哪裡不一樣——即使幸福快樂也有種「直覺」呢！

它是怎麼運作的呢？你的感官每天隨時都在吸收大量資訊，遠遠超出你能意識到的範圍。這些資訊在大腦深處會自動地與你一生的回憶進行交叉比對。然後，驚

1. 譯註：cave bear，是一種於更新世生存在歐洲與亞洲的熊，在約二萬年前的冰河時期滅絕。

人的事發生了：儲存記憶的海馬　會與管控情緒的杏仁核「溝通」，並向下傳達資訊到迷走神經（即散布在眾多器官且無遠弗屆的巨大神經網絡）。

對此你只會知道，身體有事發生了，突然間，你的腸道、頭皮、肩膀的肌肉、心臟周圍的肌肉，甚至手或腳的某個地方，會提醒你：「無意識腦有話跟你說。」你身體的某些部分被啟動，你的意識注意到了，也對這些反應提出疑問。哪裡不對勁？怎麼了？這是一種等待被善加利用的卓越力量。多年來，也許你只要遇到特定的課題，肚子就會傳來刺痛感，只要你願意問肚子到底怎麼了，它會告訴你。

大腦邊緣系統（limbic system；主管非語言行為）與其他的前意識部分（preconcious parts）之間的合作模式，與動物是一樣的。我們擁有狐狸或老鷹的機敏和直覺，然而也有個可以思考和推理的大腦新皮質（neocortex），必須將兩者結合。即使我們睡著了，超感知從不停止運作。超感知不僅與外在世界打交道，我們的內在思想也影響著它。我相信你一定有過這種經驗：一種久久無法揮之而去的不安感。它可能在短短幾分鐘內發生，也可能持續數年，你就是覺得有什麼不對勁……直到有一天，訊息突破了我們的理性腦：

這個人不是真朋友！
我不要再把孩子送到保母那裡了！
這份工作不適合我！
這段婚姻既不安全又不尊重人，我受夠了！

多年來，我聽過很多類似的例子，以下這個故事挺令人心酸的。我有個現在年近五十歲的朋友，當年新婚才三個月就突然有偏頭痛的問題，而且持續了將近二十年之久。有一天，她發現丈夫在外有個情人，而且這段婚外情從他們結婚不久後就開始了。事發的幾周內，在震驚與感到遭受背叛之下，她決定離婚，沒想到偏頭痛竟然就停了，也沒有再復發。我們的身體本能令人讚嘆，它們不斷向我們說話，但如果我們不予以聆聽，它們就得大聲喊叫。最終，你那緩慢的意識腦總會連上信號網路，開始思考下一步該怎麼做——但重點是，你得先醒過來啊！

直覺是有用的嗎？

我得在此聲明一件重要的事，這個感官處理系統並非萬無一失，而且讓邏輯腦快速進入狀況還是很重要的。然而，你的警覺系統可能會被過去一些隨機的經驗所影響，導致你做出異常的舊反應。

在英、德閃電戰[2]期間，當時六歲的艾瑪．希勒就住在倫敦。艾瑪自小從有記憶以來，就被禁止自己沖馬桶，因為她太矮了，非得站上馬桶才搆得著沖水的「鏈條」。她覺得這規定對自己既不公平又尷尬，有天晚上，她不管三七二十一地就拉了鏈條　馬桶，就在那當下，一枚德國V2導彈擊中了隔壁的房屋，她家裡的整面牆都不見了——艾瑪向外瞪著天空，手裡還握著鏈條。我遇見艾瑪時，她已七十多歲，她告訴我事發多年後她仍然無法沖馬桶，也無法做任何不守規矩的事。

有時候，遇到的某些人之所以會「觸動」我們，是因為我們之前與某個類似的人有過一段舊經驗（通常稱為「包袱」）。我們必須仔細查看，因為它有可能是事實，也可能不是。舉例來說，我會很自然地親近並信任帶有蘇格蘭口音的人，因為我在艱困的青少年時期蒙受一位蘇格蘭青年工人尚．格里高的幫助。然而，蘇格蘭人可能非常友善，但這並不是該國人的普遍特性啊！

近年所發現的「無意識偏見」（unconscious bias）現象就是個很好的例子。這是指在沒有意識到的情況下，我們直接基於種族、性別、宗教信仰等，假設眼前所見之人是好是壞。它清楚也重要地顯示出我們對種族、性別、階級，以及其他眾多「分類」，所產生的無意識反應。

我很久以前治療過越戰的退伍軍人，由於經歷過那場激烈和恐怖的戰爭（在那裡你永遠不知道誰是你的敵人），他們只要靠近任何亞洲人都會變得極度警戒。這些人需要像交朋友般的認識越南移民，或者在和平時期返回越南，以消除腦海中的這些不實聯想。他們的杏仁核，也就是大腦產生恐懼的地方，必須重新認識到自己可以是安全、快樂、開心地與具有亞洲特徵的人相處，也可以欣賞那個國家的風景、氣味和聲音。

仔細思考「這是事實嗎？或者只是個『包袱』？」對每個人來說都很重要。切勿在尚未檢查你的警報系統前，就先否決它的提醒。只要能與超感知進行對話，並深入詢問它以找出這些感受的根源在哪裡，我們就能「運作」得很好。超感知總是有話要告訴我們，有時甚至能改變一生。

透過這幾頁的指導，學會更仔細聆聽身體信號之後，你會很欣喜地發現這些訊息不僅重要又具體，還傳達迅速。**停下來聆聽超感知，會需要你稍微放慢腳步，以避免犯下許多浪費時間的錯誤。**如果你回頭仔細想想自己的人生，會發現，幾乎所

---

2. 譯註：Blitz，二次世界大戰期間，德國連續轟炸英國近兩個月。

有你造成的「意外」或犯下的「嚴重錯誤」都伴隨著預警信號，只是你因為匆忙而予以忽視。你忽視了自己的超感知，因而付出了高昂的代價。對於各種重大決定，它也是如此運作著，像是：該求取什麼學位、該從事什麼職業、該住哪、該信任誰，以及該跟誰更親密等。

也因為如此，放慢腳步真的可以讓你免受許多錯誤的折磨，也會讓你的生活更豐富——緩慢地進食、緩慢地學習、緩慢地做愛、緩慢地度假、緩慢地生活，都可引領你進入驚喜且扣人心弦的時光。因為你將能感知，並辨別什麼才是度過人生最佳的方法。簡而言之，超感知是沉睡中的生命指導動力源，在你清醒的每一秒鐘都可以使用它。接下來的章節中，我們將教你如何使用。

總結

我們的祖先遺贈了一些很棒的配備給我們，它的核心就是能夠判讀並整合資訊的「超感知」，然而現代世界卻讓我們變得愚蠢遲鈍，在成長或教育過程中，我們從未學過如何閱讀自己內建的量表，或傾聽內在的細微線索。很可能二十五萬年前，一個懂得狩獵的八歲孩子，都比你、我的表現更強大、有能力也聰明多了。

真正的心理治療是要讓這些內建的功能恢復正常運作。我的病患安蒂在復原過程中，也開始活化自身各個層次——像是她的心靈、心智以及與宇宙的連結感。她的內在糾結著許多情緒，除了差點在停車場遇襲的經驗之外，也包括整個童年時期的狀況。她必須重新審視自我，以及審視自己的生活世界。她會從困境中走出來，而不只是「重新振作」或「恢復正常」，甚至進一步成為一個更有生命力、使命感，以及懂得關心人類同胞的獨特個體。成為一個更有靈性但又樸實，且敢於表達自我的人。安蒂身邊的每個人都感覺到她的轉變，她不但痊癒了，還從單純的好人變成更了不起的人。

我們生活中發生的一切，即便是恐怖和悲慘的，都在試圖引領我們揚升，讓我們更自由、睿智和機敏。然而，這並不表示我們非得經歷恐怖的遭遇，才能讓生命更完整，因為小嬰兒就是一張白紙般展開生命的。我們可以學著將這些特質保留在自己孩子身上，滋養他們，讓孩子們保有野性與自由，我們也可以喚醒自身這一部分的生命活力。這也就是接下來的章節所要教導你的內容。

超感知練習一

回顧過往的生活，你有時會感到疑慮，或者是對自己所面臨的某些決定或情況感到不安。請選擇一個經驗，並對它進行簡要說明，例如：

「我在＿＿＿＿＿遇到的那個人＿＿＿＿＿」

「關於＿＿＿＿＿我所做的決定＿＿＿＿＿」

「當我還小的時候＿＿＿＿＿＿＿」

如果願意的話，請更清楚地喚起你的回憶，進行的時候，請注意你現在是否感受到任何身體信號或反應。你能用言語描述身體的感覺嗎？它位在哪裡？它的品質或性質如何？例如：我的肚子有種糾結緊縮的感覺、我的額頭上好像綁了一條很緊的帶子、我覺得心臟有點怦怦亂跳。通常，會有個特定的地方感覺特別明顯。

花一分鐘左右的時間去感受它、注意它，並覺察它是如何移動或變化的。最後，眨眨眼、環顧四周，感覺自己的雙腳踩在地面上、緩慢地呼吸，並放下這個回憶。注意到自己身體裡會有「警示燈」亮起，也許以後就能多多注意，因為它們對生活很有幫助。

超感知練習二

觀想一個目前你在生活中遇到的挑戰或情況，也許是當前你所面臨或無法釋懷的事件，無論是大是小，還是與工作、生活或個人有關都可以。當你想到它時，注意身體出現什麼感覺？它們位在哪裡——肩膀、脖子、腹部、臉部、胸部？現在請找個最能形容它們的詞彙：緊繃、高溫、顫動、緊張、沉重、扭曲、空虛或空洞……有成千上萬的語詞可形容。

注意那個部位，並覺察它，當你為它命名時，它是否出現改變或保持不變，或者變得更強烈？在本書後面，我們將幫助你轉換這些感覺，同時理解它們試圖表達什麼。這是你聰明的原始動物面想要讓你明瞭一些事，並試圖向你傳達資訊。請向自己身體的這個部位發送友善的想法——你們將成為好朋友，而且這將是生活中一個非常有幫助的盟友。

Chapter

– 2 –

住在豪宅裡

Living
in the Mansion

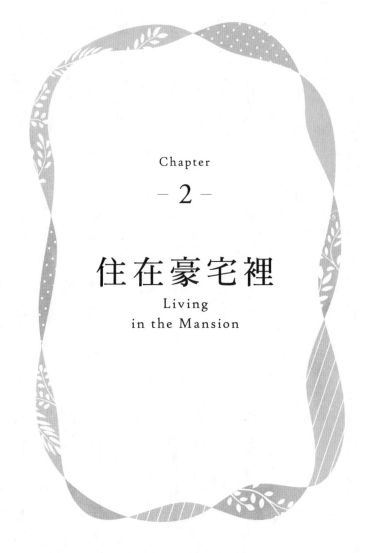

當今，無論從事哪個職業或工作，你都會發現自己時不時被送去參加「專業發展」課程。這些課程通常都極為枯燥乏味，讓人想啃著公事包喝早茶。我會這麼說是因為好幾年前開始有人與我聯繫，問我是否可以向他們的「團隊」演講。這個團隊可能是助產士、老師、葬儀社社長或資深警官。我都會問他們：「你為什麼要『我』去呢？」即使在電話中，你都可以聽出對方那帶有陰謀的微笑。他們解釋說：「因為，我們聽說你不會讓聽眾睡著。」

那些日子我需要養家活口，因此很歡迎這種工作上門。然而，我對葬儀社社長或助產士的工作一無所知，到底要教什麼來幫助他們完成如此艱鉅又專業的工作呢？答案其實不難找，就是「好好做個人」。待人接物的技能不論是對國家警察、王室成員或麻醉師而言，能了解自己和他人是至關重要的工具。

這些聽眾都是聰明人，且通常比我還聰明，所以一直以來我都很尊重他們的生活經驗。到了演講當天，說完開場白之後，我會先請他們回答一個看似簡單的問題：「什麼是人？」聽眾們看似困惑了一陣子後，就開始振筆疾書，一兩分鐘後，我會請他們大聲說出自己所寫的內容。

有些人的答案具體而簡單：人是動物、有兩隻腳的哺乳動物，或類似的答案；而其他人則說我們是群居的動物。會場裡比較理想化的人會補充說，我們擁有巨大的潛能，可以成長和學習。有些人則提到，我們有情緒、價值觀和夢想；還有些更進一步談到靈性領域的人則說，我們是由上帝創造的，或者是以更通俗的語言來說，我們是思想、肉體和靈性的混合體。

這個問題不容小覷，因為我們對人類的「模樣」有什麼想法，會把我們自己（連同處事待人的模式）塑造成那模樣。沮喪的人會對人類本性有沮喪的想法，良善的人會有良善的想法，而憤怒憎恨的人自然就是有糟到不行的想法。你應該很快就注意到一件重要的事情：一個人對於人類天性有著什麼樣的理解（或誤解），就會把自己的性格塑造成那個樣子。如果你對人類沒什麼看法，那麼你的內心深處對自己也不會有什麼看法。所以，這也就不難看出我們對人類天性的理解，為什麼會促進自我增強或導致失控況態。我要在此重申一下，免得你遺漏了這概念：**你認為人類是什麼模樣，而這模樣對你來說可能就是最重要的，因為它決定了你會如何待己、待人**。因此，你必須很確定自己對這個重要事實沒有誤解。

我有很多兒童或青少年患者，都被父母極力地反覆告知，他們是「一坨屎」或者其他類似的不堪之物，很少有人能在這樣的童年中成長，身心還不帶嚴重傷痕的。但是，即使是成長於良善且充滿愛心家庭的孩子，仍然也要與大千世界所挾帶的種種訊息相抗衡。周遭的文化基本上都在告訴我們，人是充滿欲望，或是極為自負的。如果掉入這種說辭的陷阱（幾乎沒人可以完全避開），那麼我們將永遠不會感到幸福快樂。如果我們要有充實完滿的生活，那麼最重要的是，必須對人的本性以及自身，有著最佳、最完整的認識。本書的重點，就是要擴展你對人類構成要素的認知，以及擴展你對自己的認知。

參與培訓研討會的學員，在沒有提示的情況下都會得出一個結論，就是人類擁有「多重維度」，也就是說我們是有層次或層級的。從神經科學的觀點來看，這絕對正確，因為我們的大腦結構、意識和大腦的工作方式是分層的。大腦下方是原始的爬蟲動物結構，在它之上是哺乳動物層，最外層才是真正屬於人類的洞察力和同理心層。這結構與我們的進化相吻合——像是蜥蜴就不會相互擁抱或哺育嬰兒，但是哺乳動物會。

我們有層次，然後呢？

你可能會想：「嗯，我大概懂，我確實是個多維度的存在。我能思考、有情緒等功能，但那有什麼用呢？」答案是，我們可能對人類是個多維度存在的想法，只停留在嘴上說說，但實際上，當今大多數人都忽略或忽視了他們自己所擁有的層次。一般人往往受困於內心的一個小角落，不斷重複著陳舊、不平衡的自我對話，一直以來都與圍繞在生活周遭豐富的生命力疏遠，也失去了與它們的連結。

我們的文化去除了五萬年前人類本有的意識領域，某些倖存的文化中仍保留著。在我們的成長過程中，該關注和忽略什麼，往往受到強烈的社會限制，而我們的父母就算知道，也不會特別提及或培養我們覺知的各個層面；有些家庭甚至對情緒完全避而不談。這些議題在我的童年時期（一九五〇年代）是完全沒有的。

我太太莎倫的童年更是艱難，她父母為了家中生計忙著工作，因此幾個兄弟姐妹常要自己做飯和整理家務，她甚至不記得父母有誰曾問她今天過得如何。但是，即使在當今極為正常的家庭中，大人也不太會深入探問孩子的內心世界。其實，青少年也有我們所不知的深層疑問，以及對靈性的渴望。年輕人的內在世界若是沒有被了解、肯定，且沒有被賦予表達的語言，就會變得像籠子裡豢養的老虎一樣——充沛的能量未獲開發，巨大的潛力遭到埋沒。如今，大多數人的內心世界都沒被好好了解過，且乾枯不已。

當然，有些人的狀況會比其他人好很多。我曾在以前的著作中，提到一個十來歲女孩的故事，她當時受到來自男友想要發生性行為的壓力。這女孩感到非常困惑，因此問了她母親該怎麼辦。母親跟她說了非常明智的一段話：「親愛的，通常在內心深處，你的身體會知道什麼是適合你的。好好靜下來，聽聽它的信號。」很快地，女兒就明白自己該怎麼做了。她很愛男友，但是還沒準備好與他發生關係。這個故事我也常在演講時說，聽眾席每每都會響起一陣陣認同的感嘆聲。

然而，大部分人的養成教育中並未含括人類擁有多層次覺知（肉體只是其中一層）的這個部分。回想一下，你人生當中做了多少件全身上下都狂喊著「不可以」的事情，或是做了多少件全身上下都激勵你說「可以」的事情。因此，我們最終以一種非常不自然且奇怪的方式活著，變得過於服從且循規蹈矩，這抹煞了我們大部分的意識領域，這些強大的生活工具，幾乎從未使用過。

這裡還有更深層的問題存在：如果我們忽略某個部分的自己，不論是忽略我們的情感、肉體、價值觀、性向或是與我們的靈性等等的連結，那部分並不會就此靜止不動，它還是會繼續對我們施加壓力，只是我們不知道罷了。這就像是內部叛變，我們既無法判讀，也無法整合。由於某些層次的力量非常強大，因此我們很容易變得支離破碎，並深陷衝突以及困惑中。這不僅不合理，也讓我們的生命毫無意義。

當我們無法觸及分層思維的「所有面相」時，生命就會開始失去其完整性，讓人認為我們不協調、不可信任，我們在自己的生活中變得有如行屍走肉，此外，以這種方式失去力量，很容易就會被奴役。過度活躍的資本主義生活（充滿奔波忙碌、壓力、消耗）嚴重損害家庭的功能，而我們卻將之視為「正常狀態」，如果自己無法適應，反過來還會自我檢討是不是哪裡有問題、跟不上時代。當今的男男女女在面對孤單、過度競爭的二十一世紀生活型態時，多半感到力不從心，就連孩子也得從小接受這個過於嚴苛社會的審視，凡是不符其標準的人都受到越來越惡劣、偏激的對待，而這些所謂的「標準」，諸如穿著打扮、身材、財產等，根本不是什麼真正重要的事物。很多真正可怕的問題——離婚、兒童的焦慮和壓力、青少年的叛逆和自我傷害，都是由此而來。

那些已經能夠自我整合，以及與自身力量保持連結的人，不會屈就於生活給予他們的方式，他們會尋找更好的事物，開始「獨樹一幟」，並隨心所欲地翩翩起舞。當我們學會融合，並能運用人類本有的所有層次時，驚人的事情就會發生。我們正在超越自我！是時候為你列出那些樓層和層級為何，以及如何優游其中了，接下來將告訴你「四層樓豪宅」是什麼。

人類的四層樓豪宅

我們的心智很複雜，因此需要簡單好用的工具來進行管理。我為了將神經科學的發現和心理治療的方法融合為一，成為人人在任何情況下皆可使用的系統，努力了好幾年。我希望它是連小孩子都聽得懂的系統，即便是遇到很糟的一天、突發的緊急事件或危機，你也能使用它並俐落地向孩子進行解說，最後，我的大腦浮現了「四層樓豪宅」的比喻。

我從一開始就很愛這個點子，也一直都在使用、教授它。就如同你一樣，我的生活裡也有很多重大、嚴肅的事情要處理，到目前為止，這套方法已伴隨我度過不少難關。隨著自己逐漸變老，且生活在疫情危機中，這套方法也日趨重要。

正坐著讀這本書的你，請一起來試試吧。注意自己是怎麼坐著的，你坐得舒服，還是不舒服呢？持續關注自己全身的狀態，你的腹部有什麼感覺？背部有什麼感覺？你的臉上有什麼表情？你有在呼吸嗎？

一樓是決定你是誰的根基，是那個能動作且有感官的哺乳動物身體。身體需要食物、需要睡眠、需要移動、跳舞以及玩耍。它需要做愛、聽音樂，需要處在大自然裡。這些看似很天經地義的事，現代人卻常常忽視，並同時思忖著為什麼萬事不如意。我們將專門用一個章節，來喚醒和發展肉體自我中更豐富的神經通道，你會發現身體成了一種更活躍並帶有樂趣的資源，不但能處理各種困難，還能恢復平衡與健康。請記得，一樓就是你的身體，它總是在那裡，而且值得探訪。

接下來，我們往上走一層，就是那個會從身體冒出來，且擁有自己樓層的情緒層。我們有一顆充滿感情的「心」，情緒會從身體中冒出來，但它不同於單純的感官反應。例如，在施行節食或健康齋戒時，你感到飢餓但欣喜，而且一切進行順利。同樣處於飢餓的情況，可能這次你生氣了，因為你把午餐放在沙灘上，暫離一會兒後，竟然被海鷗偷吃了。又或是，登山時你不小心迷路了，因為身上食物不夠吃而感到害怕。這些都是相同的感官感覺，但是發生的事件全然不同。

情緒比單純的感覺要更為鮮明與強烈，因為它們背後是有涵義的，代表有什麼重要的東西需要你弄清楚。恐懼、憤怒、悲傷和歡樂，這些情緒通常就是在告訴你當下某件事深層的真相為何，也會以其他方式讓你獲得力量，好度過眼前的難關。情緒是一種智力，在與他人的相處上尤為重要。在第四章，我們將提供一流的情緒指南，如此一來你就可以讓你的情緒為己所用，而不是反其道而行。

直覺和情緒之間的衝突

能分辨「超感知不是一種情緒」這一點很重要，超感知比情緒更為深層，且超越情緒，雖然如此，情緒還是可以列入考量的。舉個例子，三十二歲的羅欣和伊恩已經交往四年了，伊恩是個善良且相處起來很自在的人，羅欣很信任他，但是反覆出現的直覺告訴她——伊恩不是她的真命天子。因為伊恩的缺點是為人有些無趣。這讓羅欣感到困擾，而且這感受有增無減，只要想像自己將與伊恩共度一生，她的內在就會作嘔。她的直覺說：「你需要的是個更有活力、更有目標的人。」然而，每當這種感覺出現時，羅欣恐懼的情緒就會出現——恐懼失去這段關係，恐懼變得孤獨。她的直覺與情緒持不同立場，雖然直覺的聲音比較小，但是似乎是出自心智更深層、更有智慧之處。

遇到兩種聲音相互拉扯的情況，癥結其實並不在於論斷誰對誰錯，而是需要好好地自我觀察，並且梳理開來。羅欣持續傾聽內心，也以坦白真誠的態度面對伊恩，抱著順其自然的心情，看兩人的感情會如何發展。

過了一段時間，他們還是分手了，分手過程很和平也沒有相互責備。在接下來的幾個月中，羅欣越來越清楚這段戀情確實不適合她，分手後她變得更快樂、更真實，也能更堅定地做自己。雖然一個人生活對她來說是孤獨且充滿挑戰的，但是她仍希望有一天會遇到更合適的對象，這才是對自己最好的做法。有趣的是，伊恩在分手後竟然決定辭職，踏上一段壯遊，尋找生命中不同的可能。（以一名心理諮商師的角度來看，世上沒有所謂「無趣」的人，只是我們都可能在不知不覺中，受困於某個體制、規範內，無法好好做自己。）

這則故事告訴我們，如果羅欣只聽從情緒的聲音，就會繼續困在一段不合適的關係中，她的超感知提供了完全不一樣的訊息。將心智豪宅每一層單獨拆開來看，是無法提供最全面的建議，但是如果我們能統整所有的樓層，獲得的建議還是對我們很有利的。

來到更高的樓層

現在，我們再往上一層來到頭部，這是三樓，位在身體與情緒之上，你有個能思考的頭腦（雖然不總是很靈光）。頭腦裡有前額葉皮質，是你的執行腦以及分析腦，大多數人想到自己時，想到的只會是自己的想法。我思故我在——這可是大錯特錯啊！我們確實迫切地需要好好思考，我希望這本書能為你提供強大的工具，以琢磨並增強你的思考能力。

「思考」是我們理解生活的方式，也是我們與周圍其他人交流的方式，把事情轉換成文字然後向外發送。用傾聽和轉變態度來回應他人的想法，有助於我們建立良好的關係，並更新或挑戰自己舊有的觀點，獲得更寬廣的視野。言語是通往他人的橋梁；這是個活生生、閃亮亮的樓層。然而，請注意一點：言語不是你的全部，它只是一種工具，而真正的你是遠比「思想」還要更多的。就像大型組織一樣，執行長很重要沒錯，但前提是該組織的每個人都得完全參與並共同努力，才能運作順暢。一旦大腦學會尊重所有其他部分後，事情就可以真正開始運作了。

我們現在已經探索了這棟豪宅的三個樓層，很多人可能會說，沒了吧，身體、情緒和思想，就是人類全部的配備了。當然不是這樣。現在請改為向外思考，思考那些圍繞在你身邊的人事物，甚至是範圍更寬廣的事物，例如浩瀚宇宙。然後想想不停流逝的時間，過去與未來，以及生生不息的生命鏈——那些出現在你之前的先祖，與在你之後誕生的後代。

從這觀點來看，不難理解你是宇宙中微小的一個塵埃；然而，不論是否理解這點，許多人常會犯下兩個嚴重的錯誤：第一、覺得自己無關緊要；第二、認為自己獨自活在一個沒有溫情的世界裡，並因此變得抑鬱沮喪。全部加起來所導致的最悲慘、令人惋惜的結局就是自殺，因孤寂而死亡。在多數的現代國家裡，自殺已經成為巨大的問題（每年造成數千人死亡），其他比較小的問題，例如貪婪、成癮、焦慮、自私等，也都是由於錯誤的自我思考方式所造成的。

我要鄭重告訴你：**你並不是個分離的個體，也不是個無關緊要的存在**。你是萬有的一部分，就像葉子是樹的一部分，或雨滴是海洋的一部分一樣。沒有葉子，就沒有樹；沒有雨滴，就沒有海洋。這個觀點對我們非常重要，如果想要在生活中實際些、理性些，就必須想到這一點。我們是偉大存有的一部分，也朝著更大的成就邁進，如果能明白這一點，我們的生命就會更加茁壯且益發重要。

人生是場舞會，一場等著我們加入的盛會，然而它也是個需要我們貢獻的計畫：一個豐盛人類的大工程。本書將提供多元的方法，不僅讓你能從智力上掌握這點，而且還可以讓你真正感受到融入自然世界的豐盛感，融入人類兄弟姐妹情誼的親密感，讓你不再覺得孤單。也就是體會到許多偉大的宗教都在傳達的核心概念：你是被鍾愛著的。

我們這棟豪宅的第四層樓，就是我們與萬有連結的所在，也是我們靈性的家。你與周圍神聖合一的萬事萬物連結著，這與有沒有宗教信仰無關，而是一種更直接的經驗和感覺。在世界上找到歸屬感是我們與生俱來的渴望，甚至願意窮盡一生去追尋。靈性位處最高樓層是有原因的，因為靈性是讓我們身心系統能正常運作的必要存在。就像手機，若是沒有連上網路就會顯得毫無意義；你的生命若是沒有和宇宙連結，也會顯得沒有意義。

這個最頂層與其他樓層不同，它是個空中花園，向天空敞開著。我們都知道，靈性很難用言語表達，因為言語旨在傳達細瑣且分散的事物，像是湯匙、貓狗等，而不是規模宏大的神妙之事。但是，你還記得小時候那種純然喜悅的感受嗎？我記得自己還是個小男孩時，在沙灘上迎風奔跑，海鷗在天空盤旋，海浪拍打出朵朵浪花，雲朵聳立在海洋上的經驗，我感到全然地自由自在，而且某種程度上「成了萬有的一部分」。

你還記得那種感覺嗎？那種全然的安全、沒有界限、沒有任何自我意識的存在？那是在哪裡呢？你那時幾歲？靈性關乎的是再次獲得那種自由以及合一感，並從中自然流露出同情、和平和創造力。必須努力捍衛小我的困擾消解了，並與生命和諧地共存著。你會希望終結苦難，並為全體人類和自然世界服務。

為了達到這個目標，我將會教授很多練習和思考方式，讓你可以牢牢地待在屋頂上。當你向外凝視時，會逐漸了解到自己甚至完全不需要這棟豪宅，你能無懼地活著，並做著非凡的事。實現這想法會需要透過一整本書的協助，然而我們已邁出了第一步。旅程就此展開！

你對自己的豪宅了解多少

所謂好酒沉甕底，最重要的一件事我們保留到現在才談。當你開始在豪宅的四層樓中生活，有些事件會很快地彰顯出來。大多數人會出現內在衝突，樓層之間會相互對立，可能是情感和行動不相符合、頭腦拒絕了身體的需求，又或者是頭腦不肯聽靈性的建議。換句話說，你的生活不會有所進展。因此，下一條資訊至關重要，實際上是整本書的重點，請仔細聽我道來。

每次我對助產士、禮儀師、醫生或士兵們演講的最後一階段，就是讓他們了解這四層樓豪宅，同時也會要求他們做一項具有挑戰性的事，就是與另外兩、三個人坐在一起，討論「你的生活有什麼進展」。不分場合、對象，只要一開始討論，話題就會變得很熱烈，即使我出聲請大家暫停也很難中斷。可以看到與會者三兩成群，每個人都生氣蓬勃地分享，有些人甚至哭了出來，旁人倒也不吝安慰。我想這是人類所能提出最深奧的一個問題了。

察覺生活中不和諧的事物（即使這會讓你絕望地哭泣），也是療癒的一部分。你還不必有意識地知道該怎麼解決，因為方法自會浮現。人類有著尋求合一的本能，這也是所有生物的本能；宇宙也是如此。**透過把注意力放在自己覺得矛盾衝突或不舒服的地方，我們的身心系統自然會找出療癒之道。**

我們要做的就是覺察、保持呼吸，並繼續過自己的生活，盡情使用四層樓，讓它們籠罩於光芒之中。神奇的身心系統就會開始告訴我們該做什麼，以及如何去做。無論要花多久的時間，我們最終都會整合起來，而這會讓一切變得大為不同。

你住在豪宅裡了嗎？六個反思小練習

1. 你是否覺察到了自己的意識有不同的層次呢？在閱讀本書前，你在日常生活中是否都會主動聆聽它們的建議呢？
2. 你會學到一個主要技巧，就是像搭電梯一樣在自己的豪宅裡上下移動。你可以很輕易地感知到自己身體的感受嗎？可以從最普通的開始，像是身體的舒適度、肌肉的緊繃度、溫度和放鬆等等。

3. 當你產生情緒時，是否都能好好察覺到它們呢？

4. 當情緒出現時，你是否很容易平靜下來，想清楚，並找出眼前事件的解決之道？

5. 你是否有過這種靈性感受，覺得在宇宙中感到安全自在、有如回到溫暖的家？有過自己是大自然（包含其他人類）的一部分的感受嗎？是只有一點點，還是很強烈呢？或者，對你來說是很陌生的概念？

6. 簡而言之，你覺得自己是處在哪個層次呢？身體、情緒，頭腦或靈性？哪個部分是你很少注意到的？

7. 最重要的一點，你是否常卡在其中某個層次？這會給你的生活帶來麻煩嗎？

如果你不知道自己是在哪個樓層，透過探索，你將得到很多樂趣和自由，而且生活也會比以往更輕鬆。允許自己待在二樓時興奮一點，請好好呼吸，並為接下來的新知騰出些空間吧。

Chapter

— 3 —

一樓
你的身體

The First Floor
Your Body

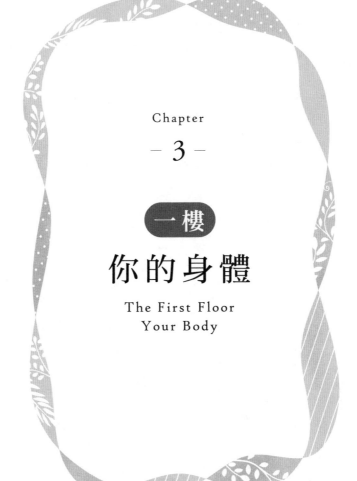

我正坐在一位患有創傷後壓力症候群（PTSD）的病患前，他曾在一些戰況最嚴峻的地區服役，然而，到目前為止他所獲得的協助還不夠。他常進出醫院，多次自殺未遂，家人為了處理他那不時席捲而來的強烈情緒，也都受到嚴重的影響。

此刻，他正激動地談論自己的處境，但有件更重要的事引起了我的注意——他身體所擺出姿勢的方式。他坐在椅子邊緣，好像隨時準備逃跑一樣，同時拳頭緊握，呼吸淺而快。等到他話講到一個段落，我輕聲詢問是否可以打斷他的談話一下。我問他身體感覺如何，體內有產生什麼感受嗎？他一頭霧水，覺得我的問題也太離題了。我平靜地說：「可否請你覺察一下，自己坐在椅子上是舒服的嗎？」他姑且往後坐，這時，舒適的大椅子穩穩地支撐著他。

我問他是否可以暫停幾秒鐘不說話，就只是呼吸；他微笑著，臉上開始出現興奮之情。他是個遠比我聰明的人，而且理解力非常好。他之所以微笑正是因為很快意識到，自己的坐姿、呼吸和說話的方式是出於恐懼自身所在的場所，然而他目前身處在一個實際上非常、非常安全的地方，只是心智脫離了他的身體，深陷在過去的戰場上。從這一刻開始，他就了解到，即使是像PTSD這樣複雜的病症，歸根究底仍是身體的問題，只要關注自己的身體，就可以從小地方開始改善，日積月累就能產生巨大的變化。

這名病患和其他PTSD的患者之所以無法痊癒，部分原因出在我們太過依賴「認知行為療法」的神話，認為「思想」可以控制「感受」。能面對自己的錯誤想法當然很重要，然而這樣還不夠，因為頭腦的運作模式基本上是相反的：駕馭思想的往往是我們的情緒。因此，在身體覺知的層面上進行干預，並繞過情緒，改為觸及最原始的超感知，會是更有效的療法。從最基礎的一樓著手，就是為了讓身體一次一層樓地解決問題。透過這種方式，治療師可以為病患提供身處安全之地的直接體驗。為了協助患者痊癒，他們受了多大的傷害，我們治療師就必須以同等強度的專注力、決心和關愛，來照護他們。

在我這名患者康復的每個階段，身體都是他的盟友。透過輕柔的肢體運動（像是走路、游泳、瑜伽或太極）讓他回到自己內在的感受，並踏實地安住於當下。他的身體就成了能夠創建臨時避風港的可靠工具。然後，等到一切就緒，我們才能一同處理那些未曾表達過的情緒激流、糾結不清的思考模式，以及對生命意義和靈性的質疑，幫助他從目前可怕的處境中蛻變重生。然而，運用他的超感知讓他回到自身感受，是我們可以重複使用，且永遠安全的錨定方法。呼吸，張開雙眼，感覺雙腳被大地支持著，回到當下。

我的患者不是唯一發現自己深陷在回憶與恐懼的人。實際上，大多數人或多或少都有類似的問題。歷史上沒有任何一種文化像我們這樣忽視身體。事實上，擁有飛機、汽車和超級市場的現代社會，可說是由特定類型的一群人所打造出來的。喀爾文教徒創立的資本主義本身，有著歐洲新教徒冷漠、嚴厲、壓抑快樂的傳統，同時也建立在天主教自認有罪的強大基礎上，而不同族裔原有的文化問題也混雜其中。歐洲北部的民族或國家從來就不是懂得享受生活的類型，每當我們前往世界其他地方（通常是為了進行殖民並帶來痛苦），當地人常對我們的過度緊繃和一團混亂而感到震驚。

擁有這樣的文化背景，並認為斷開身體、情感和靈性的連結是正常的（亦即遺棄四層樓中的三個樓層），就表示只要遭遇不可避免的生命創傷，我們手邊僅有非常粗糙的工具可以運用。創傷並不是問題所在，而是我們欠缺讓自然的療癒過程發揮作用的能力。

我們是如何與身體失去連結的呢？

從小在這種麻木、無力去感受的環境中成長，並不是患者的錯，這是混亂世代所遺留的產物。我們曾祖父母的童年幾乎完全是處於高壓狀態：「坐好不要亂動，保持安靜，不要嬉皮笑臉。堅強起來！六歲時就離家去上寄宿學校，我活過來了，這讓我變成一個真男人／女人。」他們的成年時期，差不多也是如此，當時的男性別無選擇地成了戰爭中的砲灰，女性則是習慣了勞苦和滿是性挫折的生活——那是個極力壓制個人真實感受的時代。

所有這些壓抑都是艱苦的，因為它會關閉身體內的信號，使肌肉緊繃。「僵硬的上唇」（stiff upper lip）不只是一個用來指稱英國人很堅忍剛毅的俗語，它原本是給士兵的忠告，在看到自己的弟兄們被炸成碎片時忍住悲慟。挺直你的腰桿、翹起你的下巴，勇往直前，想想大英帝國！

一個記錄在身體上的「世紀夢魘」

我們常認為西方人，尤其是英國人，是情緒壓抑、四處走動的不定時炸彈，但這其實是近代歷史的產物，而且強烈地反映在我們的身體上。情緒壓抑所帶來的壓力是非常痛苦的，讓人想要盡所能地消除它，因此這種身體上的痛苦，可能就是西方人極為依賴酒精的原因了。二次世界大戰後，一九五〇和六〇年「廣告狂人」時代[3]的人常常豪飲。無獨有偶，對工人階級的英國人來說，下班後在酒吧混上一個小時買醉是每晚的日常，女性則是獨自在家灌下極其驚人的酒量。一九六〇年代，西方國家最常開立的處方藥物是煩寧（Valium），一種被當成鎮靜劑使用的肌肉鬆弛劑。這些用藥物或酒精自我麻痺的習慣，只是逃避問題而已，無濟於事。

與此同時的越戰期間，晚間新聞不斷報導戰死人數，宛如某種獵奇血腥的體育競賽得分數，不計其數裝在屍袋中的子弟兵被運送回國，引發了一場翻天覆地的文化轉變。它始於美國西海岸，再從倫敦一路擴散到了印度的瑞詩凱詩（Rishikesh），然後又回到美國的胡士托（Woodstock），幾乎席捲了整個世界。

年輕人開始敢於質疑政治人物的執政動機，而後來在肯特州立大學發生的槍擊事件，證明了年輕人這種質疑的態度是正確的。當時大眾對威權的信任一夕間於焉瓦解（在此之前，世人對威權的信任可是完全超乎我們現代所能認同的程度）。知名的教養作家和兒科醫生斯波克（Benjamin Spock）也因為支持反戰運動並吸引了眾多中產階級的支持者，引來反對者的抨擊，認為年輕世代敢於質疑權威都要歸咎於他所提倡的教養觀。戰後一代較有溫情的育兒方式，也許發揮了部分功效，但這種對威權信任的轉變不像是服裝流行變化那麼簡單，因為它挑戰的是整個建立在順從和恐懼上的社會基礎。

這股熱潮還往後延燒了五十年，從俄羅斯樂團「暴動小貓」（Pussy Riot）的抗爭、天安門廣場上血跡斑斑的鵝卵石、「氣候少女」葛莉塔・通貝里為了氣候變遷而發起的罷課運動，再到人權活動「黑人的命也是命」（Black Lives Matter）。在一九六〇和七〇年代，有一大群人開始與他們的內心、價值觀、愛，以及大自然產生連結，引領了另一波席捲全球的浪潮。自此之後，女性主義、環保主義、同性戀權益、原住民權益和動物解放運動等開始產生。我們已認知到，這是一場生命與死亡之間的對戰，氣候異常可能是最終的決勝點，然而我們已經走過漫漫長路，而且依然還有很多希望。

從冷戰時代回溫

如今，我們更加信任和享受自己的身體，在孩子的歡笑聲、玩耍的喧鬧聲中感到開心。我們能夠很喜悅地看著青少年從事衝浪、跳舞，或是創作音樂、美術活

---

3. 譯註：Mad Man，為一九五〇年代在麥迪遜大街上工作的廣告人所創的俚語，用以指稱自己，Mad是麥迪遜（Madison）的縮寫。

動，甚至是喜悅地看著他們花一、兩年的時間於世界各地旅遊。享受性歡愉是被鼓勵以及期許的，享受喜悅和樂趣終於不再被視為罪惡，大自然也被視為是我們的家園，而不再是個被征服和遺忘的事物。這些變化，多少讓我們的情感範圍擴大了，我們允許自己哭泣——甚至有時允許男人哭泣。

然而，我們還是有很長一段路要走，因為相較於靈活又敏銳的兒童，成年人仍顯得麻木僵硬，與此同時，社交媒體和競爭性的消費主義施加了新的壓力和規則到我們身上，所以還是與自己的內心世界完全脫節。要打破幾個世紀以來養成的模式，至少需要花上一、兩代的時間。然而，我們要是想回歸到生命該有的繁榮景況，甚至只是取回人類最基本的身心靈健康，都必須努力打破舊模式，我們也才有機會創造出全人類共享的永續地球。我們必須探索和解放自己，這本書將會幫助你；如果你已為人父母，我們也會告訴你如何讓寶貝孩子不會失去平衡的身心。

回歸身體

接下來我們會教你啟動頭腦裡，那個感知、解析和引導身體的部分。這過程是相當令人嘆為觀止的，在你脖子的正下方，說是有一整個交響樂團在演奏複雜的曲目也不為過，而且音樂時時刻刻都在變化。你的身體正在呼喚你，希望協助你好好生活，它是想與你交好的聰明野獸。

你的身心是為了健康和幸福而建立的，然而想要正常運作，它們需要你的「注意力」進行協助。事實上是注意力在四層樓中移動，並仔細聆聽超感知所發出的訊息。不妨想像一個小人偶，正要打開手裡的手電筒。當你閱讀本書時，隨著意識和選擇力度的增強，你會經歷數百次的注意力轉移。就算每天只是偶爾且隨興地將自己的意識之光往內在照射，你也會發現一切都開始逐漸改善，可能是最基本的姿勢或消化情況，也可能是獲得更深層的平靜或足以改變一生的洞見。心中那道不斷移動的光束就是你的自由指標，你可以朝著自己所指的任何方向前進。

開始著手進行

我們就直接開始嘗試做些練習吧。無須放下你正在閱讀的書本或電子設備，請豎起右手的小指頭，就像英國人拿茶杯的手勢一樣。請多做幾次，同時，請注意自己身體其他部位是否有任何其他動靜或感覺。你的右手當然會有些微的變化，但是另一隻手呢？你的腳呢？臀部呢？剛開始，你可能什麼都沒感覺到，請全神貫注並持續掃描自己的身體，是否還有什麼細微的變化？如果還是有困難，請嘗試更大的動作，譬如向上舉起整個右手臂。還有哪裡讓你有感覺？是輕微的肌肉緊收，或是微小的肌肉動作？

透過測量肌肉活動的電位，我們發現就算只移動小指頭，身體其他部位的肌肉也會跟著微調，你的左腳腳趾甚至會跟著稍微移動一下，以平衡手部重量的細微變化，或是其他接下來可能的變化。肌肉運動是如此巧妙，在你觀看網球比賽或舞蹈比賽的同時，身體的某些部位也在演練你所看到動作。

我們通常沒在注意自己是如何的移動。當你舉起手臂時，並不是只有手臂在做這動作。再試一次並仔細觀察，會發現是肩膀和背部肌肉的移動，帶動了手臂的動作——我們身體的任何運動都涉及到身體的其他部位。

你現在可能正坐著，因此請嘗試一下：什麼都不做，靜止不動，但是想像一下自己從椅子上站起來，並在腦海中模擬這動作。脖子、背部和雙腿會立即發生微小的變化，像是已經準備好讓全身執行站起來這個動作。如果你沒有感覺，別擔心，讀完本書之前你會慢慢放鬆下來的。這些身體的變化很令人著迷，但我們並不是單純探索完就沒事了，這些變化重要的是提醒我們，**生命中的每一秒，身體內部都發生了這麼多事情。**

肌肉只是其中最表面的部分。臟器也經常移動和變化，以回應周遭發生的種種大小事，像是胃部緊縮、口乾舌燥等。這些變化可能是短暫的，也可能是更為重大和持久的。挪威研究人員發現，喪失至親時——無論是失去摯愛的丈夫、妻子或孩子，心臟的形狀會產生變化，上半部變得緊縮，而且這種狀態可長達一年之久。這是怎麼回事，是所謂的「心碎」嗎？事實上，這個情況比較像是心臟暫時閉關，功能變緩慢了。

然而，這究竟是健康的悲慟反應，還是過度壓抑、身體亮紅燈的信號？畢竟，西方人相較之下並不喜歡表達悲傷。如果我們能像其他文化那樣，在家人和朋友的圍繞下一同啜泣，一同哀痛，這種心臟緊縮的情況還會發生嗎？我們可以肯定的是，身體會記住，這很重要——喪親者在失去至親的第一年，因自然因素而死亡的可能性非常高，尤其好發在喪親的頭幾天或幾周內。

我們的器官充滿神經末梢，尤其是在消化道和胃部，至於原因為何目前仍不清楚，但必定是有原因的，很多語言都發現這一點，例如英文中的「gut feelings」（直覺）。我們遭遇到強烈的經驗時，會稱它為「感動」，在那個當下我們體驗到所有情緒，都像是席捲全身的滔天巨浪。這種感受可能會強到令人不知所措、膝蓋發軟，直到那股情緒得到適當釋放並且結束了，身體才會恢復正常。

我們甚至會歡天喜地地享受這種狀態。一部偉大的電影、著作或一首動人的音樂都能感動我們，人類也為了創作出這樣的作品付出巨大的努力和技巧。「情感」是驅使我們去看電影、閱讀小說或參加音樂會的原因。多年後，我們仍記得內心隨著高亢的樂音、掌聲或片尾名單出現，所激起的澎湃、昂揚之情——主角群成功活下來了、女主角真的很愛他、哈比人成功解救中土世界！

我們的生命中，也一定會有這樣動人的時刻，而且都記錄在我們身體裡，譬如墜入愛河、出現欲望、擔心自己的孩子、寵愛孫子孫女們……所有這些情感都來自我們的臟器。

很久以前，我和妻子住在塔斯馬尼亞大西部地區的一處大型綿羊場中。我們經常在清晨走到田野裡，剛醒來的綿羊看到我們突然出現，會先在草地上撒泡尿後才跑開。看幾百隻羊同時撒尿是個很有趣的景象，就像是看到尼加拉瓜大瀑布般壯觀。中國作家姜戎在他的暢銷回憶錄《狼圖騰》中，描述了蒙古草原狼會在黎明時突襲鹿群，因為這些鹿各個膀胱腫脹，難以逃跑。因此，遭受生命威脅時牠們會先撒泡尿和拉屎，這樣才能減輕負擔以便逃跑。

人類在面臨生命威脅時，也會做出相同的反應。澳洲男學生常開玩笑說「嚇到噴屎」，在野外，這可是件實用且有效的行為啊。我們的身體反應可能很激烈，因為人類的生活可能就很極端，而極端的壓力甚至可能導致早產。我們本身的設計，就是為了能在艱難時期存活下來。

現代世界可能因為太安全了，所以我們變得麻木和無聊，因此會尋找某些「假的危險」來振奮自己。比方說，老年人可能鍾愛閱讀犯罪小說，故事最好是從慘忍血腥的謀殺案開始，他們著迷於曲折離奇的故事情節。年輕人則是在現實世界中找刺激，我們常看到青少年飆車的新聞，健康一點的則是勇於衝浪或在山路騎越野腳踏車，也有些人在從事極限運動或戶外運動時丟了性命。許多人都會看晚間新聞，嘴上說是為了與世界接軌，但實際上，這只是為了讓自己有活著的感覺。（如果一個人需要把抒壓和追劇作為娛樂，暗示此人可能需要更實際地參與並滿足真實人類的需求。）但重點是，我們有肉體，我們住在身體裡，而且身體會對一切事物產生回應。

這是我們第一個也是最基礎的一課，因為你很可能到目前為止從沒想過或做過。你的身體擁有自己的生命，它一直以來都出色地在執行工作。它提供了動機，無論是好是壞，無論你是否注意到，它都會影響你。它也為你提供重要的線索，引導你走向健康和活力。如果你能在生活中靜靜地傾聽它的聲音，而不是只有在它大聲尖叫時才願意聽，你的生命會更加平順。

你的身體也是你的心智：專注的技巧

現代心理學始於一位名叫卡爾．羅傑斯的人，他拒絕相信內心與頭腦是分開的兩回事，後來創立了我們現在所說的人本主義心理學。羅傑斯和他的幾個同事發明了「諮商」的這個概念。羅傑斯明瞭滿足人類健康最基本的一件事，就是當一個人經歷人生中的重大打擊時，需要一個能真正深刻傾聽自己娓娓道來，而且不會因個人因素隨意中斷談話的人。如果你曾經得到諮商師或醫生的悉心照顧，那麼可得好好感謝羅傑斯了。

然而一位與羅傑斯共事的人決定讓研究更往前跨進一步，他就是尤金．簡德林（Eugene Gendlin），我和許多認識他的人都視他為天才，事實上，他也可以說是你手裡這本書的大前輩。

簡德林和羅傑斯從一開始就發現，有些人對諮商反應良好，有些人則沒有。因此，他們仔細研究錄影帶，以找出區別，發現那些能夠成長、康復和向前邁進的人做了件非常獨特的事情。當諮商師問問題時，他們並沒有馬上連珠炮似的吐出一連串話語，而是做出極為不同的反應：他們暫停了一下，然後進入自己的內心尋找答案。

「你很氣自己的丈夫嗎？」暫停一下，想一想。是沒有啦……哎好吧，我是有點氣他，但這種感覺比較像是失望，像是他到底會不會改變？我對他有點不抱持希望，也為他感到悲傷。

每位接受諮商的客戶，當他們處於成長或是得到新的體悟之際，都會在某個時間點往自己的內在探索，尋找什麼是真理。他們不知道自己真正的感受是什麼，而往內尋找就是開啟內部轉變的關鍵。剛開始得到的答案可能會有點模糊，但是往內多加覺察之後，答案就會突然變得清晰起來。客戶絞盡腦汁地想用言語敘述，在做出數次錯誤的嘗試、又自我推翻之後，「轟」的一聲，答案就突然出現了——他們找到了適當的詞彙，或理解到那是真實的，而他們的身體也因此鬆了一口氣。

接受諮商的客戶需要有安全感，只要感到安全，他們就能誠實以對。然而，**誠實的前提是先了解自己的內心**。有些人終其一生都沒對自己老實過，我的母親就是如此。即使她在盛怒之下，也會跟你說「她很好」，因為她從小就學到不准抱怨也不准表現出煩躁的態度，更不用說顯露憤怒的情緒了，因為那不是淑女或基督徒該有的行為——更有甚者，這不是神智正常的人該有行為。

如果不練習向內探索，很快你就會忘了自己的內在，這會變成一個問題。**那些會傷害他人的人，往往是無法控制自己內心的人，因此他們試圖透過傷害他人來**

讓自己感覺良好。想想那些會家暴伴侶的人、那些恐怖分子、犯下無差別槍擊案的人，想想那些獨裁者與癮君子，以及其他許許多多感到失落與困惑的人們。**缺乏自我覺察是人類所擁有最嚴重的殘疾**。

簡德林知道這種覺察能力對人類幸福至關重要，因此著手幫助世人掌握這項技能。他撰寫了一本專書《聚焦》（Focusing），銷售了五百萬本。簡德林相信，我們有個「第二腦」（第二意識場），這也就是我所說的「超感知」。對於生命中遇到的每一個困境，我們的身體都可以捕捉到，並指引你。

如何聚焦

請試試以下練習：在你現在坐的位置上靜下來，然後想一個你目前遇到的問題，也許是你惦念著某位家人，或者是生活中遇到的困難。請在你的腦海中記住那個人或狀況。此時，你會感覺到身體的某個部位，因為這個問題產生了一些悸動。那種感受很難形容，但身體某個部位有種說不出的感覺……可能是某個地方很緊張、感到一陣空虛、體溫上升，或是哪個地方有點抽動，也可能是痛苦的感覺。那就是了，你已經找到那個位置。如果你沒感覺，請放心，對很多人來說，可能需要多一點時間讓自己平靜下來，然後才會突然明瞭：「哦，是這種感覺啊！」如果你仍然感覺不到有什麼異樣，另一個方法就是在心裡默念或大聲疾呼相反的狀態，例如：「我生命中的一切都很美好！」然後，聆聽身體從何處傳來了這樣的回應：「哦，是嗎？」

當你多加覺察時，這種感覺會帶來新鮮感，彷彿有新生的事物正在成形中。這是你活躍的無意識大腦，正與身體的生理機能一起向你發送超感知的資訊。簡德林稱這種感覺為「隱晦的界限」（the murky edge），就像瑜伽姿勢中的「界限」一樣，若你自身的情況允許，肢體可以稍微再延伸一下，而你的意識界限也是如此，它是你身為人類正常運作的邊界。

一旦你發現了那種說不上來感覺，下一步就是「探問」那個地方，看看自己是否可以說出那到底是什麼感覺，是猶豫、恐懼、憤怒、沮喪、孤獨還是失望？請很具體地去感受那些名詞，並且給你的感覺一個最接近的詞，這很重要，即使是「緊」、「空」或「彎」這樣的單字也可以。如果這是對的詞，身體就會「告訴」你。這給了你的邏輯思考一個提示標籤，就能將此刻你的超感知訊息進行連結。

這很像試探性地在接觸體內的野生動物，要與牠建立關係以贏得信任。一旦注意到身體裡的這個位置，它可是會很歡迎你多多留意的。最令人驚訝的是，當你嘗試為它命名時，它會「告訴」你，是或否，或「繼續嘗試，你快成功了」。當你為感受命名時，它們經常會更改，透漏的訊息也跟著改變。這就是核心所在：當你傾聽自己的內心時，它們會告訴你如何改變，而你想要的答案可能就藏在那裡。當你真正「了解」它們告訴你的資訊時，就算只是默默地為它騰出空間，也會促成轉變。你會感覺到身體的變化是正向的、釋放的、充滿活力的，心裡也會知道某些事物已變化，現在的你與眾不同了。

專注是個很細緻的技巧，可以的話還是建議你閱讀簡德林的著作，或是網路上相關的影音與示範。不過，光是從前面練習一點一滴地開始，無限的可能性就會因此敞開，因為超感知是隨時（或說永遠）都可使用的，你將學會在生活中聰明地運用它。

簡德林認為，身心之間沒有區別，身體的每一寸都是心智。神經、荷爾蒙、肌肉彼此都在交談，它們是一個整體。我們的身體並不像傳統認為的那樣在思考，或只是個生物機器。身體擁有自然生成的意識，是由母親的身體、我們所接受的教養，以及生活中所有的相互作用所共同形成。只有當你被愛和受到刺激時，整個大腦才會成長。**你的身體就是你的心智，這並不只是個比喻。**我們的「感覺」，也就是超感知，是讓我們體驗到這點的主角，以語言思考的橙色大腦皮質層也很重要沒錯，但其實語言只占了一部分，是個輔助的角色。

實際運用

對部分讀者而言，「運用身體覺知」可能是個全新的想法，而且對多數人來說必定是欠缺開發，或者根本不被重視的。因此，我們將花些時間幫助你發展這項技能。首先，請了解它包含了有趣的一般性身體訊號，以及那些具有深遠意義的訊號。兩者無法斷然區分開來，因為你的整個身體是一組系統。然而，這些都是你該知道並整合進日常生活的資訊。

舉個實際的例子好了，這碰巧就發生於我人在圖書館寫這個篇章的時候。中間我跑去咖啡廳吃三明治，然後就坐在位置上寫稿，能靜下來寫作是很吸引人的一件事，而且我求之不得。但是咖啡廳的椅子很硬，坐起來不舒服，不久後我開始變得煩躁，甚至想要停筆，思路變窄且靈感逐漸枯竭。我注意到這一點，然後做出了選擇——我回到圖書館，回到柔軟的椅子上，也就跟著順利回到寫作之流了！

因此不妨試試這麼做，現在，請注意你身體所在的座位上，你很有可能讓自己處於稍微不舒服的姿勢，因為人類的原始設計本來就不是要坐著的，我們需要動起來才會感覺舒暢。重點是你沒有意識到這點，而且坐姿正在影響你的心情。深吸一口氣，讓肩膀放鬆、腹部放鬆，在椅子上稍微移動一下，讓自己坐正，有需要的話起身上廁所也行。這樣做，你的心情就會好起來了。

社交時，身體也會說話

現在讓我們進入更重要、更具啟發性的領域。當你進行社交時，無論對象是家人或同事，你的身體隨時都在評估情況，並為你進行解讀。

身體執行資訊解密的方式有很多種。我們同樣可以從一個簡單到誇張的實驗開始。如果你現在一個人，請說出「是的」一詞，如果可以的話，請重點強調這個字眼。說出「是的！」之後，請覺知你的臉部、胸部或其他地方，是否有什麼感覺隨著這字眼升起。如果你正在搭乘大眾運輸工具，或是身邊有人不方便的話，可以用想像的方式來練習。

嘗試幾次後，請試試改說「不要」，或者帶著情緒說「不要！」再次覺知你的身體、臉部或其他部位的狀態，包括你的情緒或想法。幾乎每個練習的人，在接收否定訊息時都會出現一種收縮、緊縮的感覺；而肯定的訊息則是有開心和擴張的感覺。如果你喜歡進階的挑戰，請嘗試以「是！」的感覺說「不要！」也可以嘗試相反的組合。（有「被動攻擊型」人格特質的讀者會發現自己很容易做到。）

我們是可以敞開心扉地說「不」。在我的第一本書《快樂孩子的祕密》中，我和太太莎倫闡釋了「溫柔地拒絕」的訣竅，這種說話方法能降低大人拒絕孩子的要求時，孩子心裡升起的緊張情緒，例如爸媽拒絕買零食就可以派上用場。**你很難對一個拒絕你的人產生好感，唯有帶著溫柔且充滿愛意才有用。**

等你開始更有察覺力，會發現身體自己會對所有事物表達「要」或「不要」。別人真心說的每一句話，無論是現實中、電視上或文字書寫的，都會在你體內激發基本的同意或反對的反應。身體溝通交流的方式有基本規則可循，首先，它要麼收縮，要麼放鬆。它也會感到「活力充沛」或「遲鈍不起勁」，這比較跟心跳和血液循環的改變，或是血管擴張或關閉有關。人類在非常快樂的時候會跳上跳下，你可以透過這樣做讓自己充滿活力。或是微笑就能釋放血清素，這可是我們維持身心健康所需的幸福化學物質。

你的身體也會在焦慮的量表中上下游移，從「焦慮感爆表」到「心如止水」。要是接收到某些關鍵的資訊，例如對方個子是高大或矮小，是否比我強壯等等，身體還可以將「焦慮」轉換成「煩躁」或「憤怒」，你的聲音甚至會改變音調。

該如何實際運用這些身體感受呢？非常簡單，我在書裡也再三提及：你什麼都不用做，只需要予以覺察，你的身心系統會自己完成其餘的工作。藉由暫時離開豪宅的思考層，下到一樓來並仔細觀察這層樓，你會獲得更多資訊，不需要你做任何努力，這些資訊將自動改變你，而且是自然而然地發生。比如說，你開始發覺某個人很煩、對於朋友想借錢的要求開始感到不對勁，又或是，你本來想要同意某件事，但老覺得哪裡怪怪的。

關注身體有什麼話要說可以幫助你冷靜下來。有意識地覺察到「自己確實很焦慮」是很有幫助的，因為無論如何這股情緒已經存在，但是現在你知道怎麼解決了。只要花幾秒鐘的時間多加感知身體的信號，再怎麼焦慮不安都能有所緩解。舉例來說，如果你有呼吸短促、心跳加快的狀況，請先站著不動，感受一下那些感覺。

這麼做會產生一整串的連鎖效應。一開始密切地覺察焦慮的感受時，會覺得那股感覺變得越來越強烈，我們會更鮮明地體驗到它。這可能會令人感到不安，但請耐心等待，一兩秒鐘後感覺就會開始減輕，好像我們正在消化這些感受，將它們吸收到身體裡一樣。如果還是無法減輕，你可以將注意力轉移到踩在地面上的雙腳，或者去感覺椅子支撐著你的臀部和背部。那些感受良好的身體部位，會協助舒緩那些不舒服的身體部位。

每次我在演講前，都會經歷小小的恐慌發作。我會離開現場並找個安靜的地方坐一下，好好處理這個情況。一小陣腎上腺素襲來，而我只是微笑地覺察它，靜待它退散。要在座無虛席的大禮堂裡演講，自然是種壓力，更別說其中不乏千里而來，希望能帶些有益家人的新知回去的聽眾。也因此，上台演講若沒有腎上腺素的助攻，是件不可能的事。就算演講中突然出現各種意外（麥克風故障、孕婦臨盆、開始與配偶爭吵等等，這些都曾發生過），或者我頭昏眼花，忘了自己接下來要說什麼，不管是哪種狀況，焦慮的感受都是一樣的。你只需要去感受它，繼續呼吸，情況僅會短暫惡化，然後就煙消雲散。

在緊急情況下，你需要幫助他人時，也可以下到第一層樓，運用身體的感受。也許你是在照顧的某個人或小孩受到驚嚇，他們沒來由地感到不安或煩躁，這時先請他們坐下，讓呼吸緩慢下來，接著詢問他們，身體裡面怎麼了？有什麼感覺嗎？他們可能會回答「我的心跳很快」、「我覺得胸口緊繃」或「我的腿想逃跑」之類的話。在回答你的問題時，他們的注意力會離開頭腦層，開始走進身體裡，接著便自動平靜下來。這會需要一點時間，因為他們正在進入「扎根」階段，在這種情況下，你可以繼續說話，讓他們可以更清晰地思考。然而，除非你將他們引導到所有情緒蒸汽積聚的地下室裡，否則你不會理解他們的感受，他們也不會覺得安全。

接地扎根

如果焦慮感沒有立即消失，你可以採用「接地扎根」這個技巧，這基本上就是透過直接的感官輸入，讓你下到第一層樓。首先，請注意看你眼前可以看到的三個物品，專心地仔細觀看它們，留意上面的細節。

然後注意兩個你可以聽到的聲音，一個你可以聞到的氣味。在這些感受（看、聽、聞）中分別停留一、兩秒，這樣才可以真正地接收、感知它們，而不只是蜻蜓點水般匆匆帶過。然後，感受一下臉上的空氣溫度，最後感覺到雙腳踩在地面上的重量。你會突然間回到當下，請保持這種感覺約一、兩秒，你會察覺體內沉靜了下來，就像樹葉或雪花在寂靜的森林中飄落。你的呼吸會變得緩慢且更飽滿，焦慮感也會平息。接地扎根是緊急急救法，若能教會孩子使用這個技巧是件很棒的事。

如何放下焦慮

焦慮在現代社會中是個大問題，其成因既多元又複雜，可能是腸道菌群失衡、患有自閉症不擅長社交、受困於創傷經驗，或者是因使用社群媒體而變得焦躁不安。「焦慮」是我們人類的一大特徵，一旦出現這個信號就表示我們已經過度自我傷害，必須想辦法平靜下來，應對方法有很多種。

停止資訊超載

電子媒體是種非常不自然的現象，除了讓我們沉迷其中之外，也欺騙了我們從石器時代就具備的神經系統，誤以為電子媒體呈現的影像、事件會發生在自己身上。奇怪的是，我們竟然把這些可怕的現實世界事件（新聞時事）當成一種娛樂，許多家庭早已習慣在生活空間中，不斷播放這些事件。

社群媒體再次利用了我們想要與人產生連結的渴望，將喧囂且無情的陌生人帶入我們的房間或客廳。人類的心理系統，原本是設計來適應十幾個成員組成的狩獵採集團隊，大家也會自然地找出相處之道，但突然間，這個團隊擴展為成千上萬人，而且幾乎都在對我們指指點點，或批判攻擊。

電子媒體和社群媒體已經取代了自然的節奏，剝奪了自然景觀、聲音、植物、動物替我們的感官所帶來的舒緩感，也大幅減少身體在戶外起勁移動的機會，更別說侵占我們可以靜心反思的時間。我們可是敏感的大型哺乳類動物，這些並不是我們該有的生活方式。這些媒體所呈現的事物會讓我們過度亢奮，對成長中的孩子們尤其不利。西方國家中有五分之一的青少女服用抗焦慮的藥物，青少年服用藥物的數字也緊追在後，不過，他們更有可能透過攻擊行為或憤怒來宣洩自己的焦慮。

只要做些改變，我們就能讓周遭環境變得對大腦更有利，例如：減少刺激、重新規劃生活習慣（大腦喜歡可預測的事物）、聽音樂、做運動，甚至唱歌都可以幫助大腦鎮靜下來，因為唱歌具有模式性和重複性可以使我們安定。

更深入的方法

若遇到需要緊急協助的焦慮爆發狀況，有兩種很有效、但非常不一樣的方法。其中一個方法出自「人生學校」（School of Life）的創辦人艾倫．狄波頓，另一個則是來自焦慮症的先驅治療師克萊兒．維克斯博士（Dr Claire Weekes）。

狄波頓認為焦慮是源於我們腦中虛構的活動，而不是真有什麼恐怖的事件發生。實際上這是種分心的狀態、一種無意識的情緒轉移、一個不斷打轉的輪子。他將這個想法轉換成一個問題：「如果我的腦袋裡沒有這些焦慮的想法，那麼取而代之，我現在可能會想些什麼呢？」

他給了幾個可以參考的例子：

「我可能會了解到自己有多麼悲傷與孤寂。」

「我可能會了解到自己對伴侶有多麼憤怒。」

「我可能會了解到自己覺得被拋棄了。」

這三個例子，大部分人至少會對其中一個產生共鳴。這些都不是令人舒服的狀態，很多情緒也都會隨之浮出水面。不過，如果運用四層樓豪宅的概念來看，你很快就會發現有情緒是好事，情緒只是在執行自己的工作，並且告訴我們該去哪裡找答案，情緒並不會傷害我們。很可惜，父母在我們還小的時候，給予的教導通常是「盡可能避免產生情緒」，我們因此掉進這個巨大的陷阱，永遠爬不出來。請容我再次強調，**情緒不會傷害你，不去感受情緒則可能會造成傷害**。

焦慮像是一種低度的長期恐懼，這說法部分是對的，然而你害怕恐懼的對象可能只是你自己。艾倫邀請我們用另一種更有價值的苦痛來取代焦慮，讓你不再原地空轉，他的建議是「與生活中真正的矛盾與複雜性面對面」，我們可以這樣處理焦慮。

如果這對你沒效，那麼克萊兒．維克斯的方法可能就是你需要的了。許多治療師將維克斯博士視為上個世紀治療焦慮症的最佳人選，事實是，焦慮症也伴隨她度過了大部分生命時光。她是位開創性的女科學家，後來還完成了醫生的培訓，因為患有嚴重的焦慮症，她非常積極地想療癒自己。她觀察到任何恐慌症發作前都有兩個階段，第一階段是，人遭遇某些情況會突然產生一陣恐懼感。實際上，離開舒適圈的時候，所有人都會感到恐懼，這是自然現象，會發生在任何神經系統很敏感的人身上（通常敏感是件好事）。但是由於對情緒的理解不足，我們對此常感到困惑：我是怎麼了？是心臟病發作了嗎？我要發瘋了嗎？我們理所當然對這些想法感到恐懼，因為自己的驚慌而感到恐慌，而這正是第二波自己製造的恐慌，導致焦慮的症狀難以消除。**焦慮的人通常沒有與自身的恐懼過程共處過，而是想方設法地阻絕、停止它，造成恐懼無法自然消散。**

這就像你為了停止活水流動，而不斷在水面上拍打一樣。維克斯博士發現舊的行為療法顯然是錯誤的。試圖擺脫恐懼就意味著你在與恐懼進行角力，而不是允許恐懼存在。

她提出了一個四階段的方法：

1. **面對它：**進入那個讓你焦慮的情境（只要那是安全的），並且不要害怕恐慌症發作。實際上，你需要經歷恐慌來讓自己適應，並讓自己發現這樣真的沒關係。（重要說明：現在的治療師會主張不要強迫自己進入到那個使你感到恐懼的情境，但是如果身邊有人可以支持你，可以試著採用一小步驟一小步驟地進入該情境，甚至只是先想像一下，然後讓你的身體適應腎上腺素的波動也行。你可以運用四層樓的概念來消化，並允許恐慌逐漸消散。）

2. **接受它：**接受恐慌的感覺，換句話說，觀察所有正發生在你身上的事，例如顫抖、心跳加快、視力模糊等。不要加以對抗或擔心。當然啦，如果你在開車或身處繁忙的街道上，你可能需要靠邊停下來，等個一、兩分鐘。讓那股感覺穿過你，你只要覺知到那單純只是個感受就好。維克斯博士寫道：「如實接受是個明確的生理過程，它最終會緩和焦慮、恐慌。」這需要時間和多次的經驗，因為「新接納的情緒要讓人能夠感到平和，需要些時間」。

3. **隨之浮沉：**一旦你允許恐慌完全發作，請隨它浮沉。這不是要你全身緊繃或是僵化，而是盡可能地讓自己的肌肉放鬆下來，近乎是「鬆弛」的狀態。做幾次深呼吸，再慢慢地吐氣，想像自己像朵雲漂浮在恐慌的經歷中。不要試著壓抑這股恐慌的經驗，而是從那個情境中把自己分離出來。

4. **讓時間流逝：**這股腎上腺素的波動，你的身體會自行完成循環，然後自動平靜下來，不論花多久時間都不要覺得有壓力，你的症狀發作會逐漸減少的。

維克斯博士知道這種態度上重大的轉變，以及隨之而來的大腦重塑會需要花些時間。煩惱「我的症狀有變比較好嗎」並沒有用，最好的想法是：「花多久時間都沒關係，因為恐慌無關緊要，它會消逝。」

焦慮並不都是源自心理因素，也可能是真實且傷人的生活環境所造成的結果，像是工作上無理的要求、家庭中扮演的角色、一段不幸福的婚姻、糟糕的居住環境，或是沒時間、空間讓自己靜下來等。如同狄波頓一開始也提到的，你覺得自己的生活需要改變，而且這並不只是改變腦袋中的想法就好。

在日常生活中，請更頻繁地傾聽身體的聲音，這可是好玩又有趣的，而且它會告訴你更多關於你自己以及你生命的真相。長久以來的疑慮在變成嚴重的問題之前，你就會注意到。每當有個議題被觸動了，你可能會太陽穴抽搐一下、汗毛直豎、心裡升起一股恐懼，或者你覺得腰部有種灼熱感，抑或是心中揚起飛躍的感覺——當然不是所有議題都是不開心的！

運用這些感受當作指引，看見躲在禮貌的外表下，你自己「真正的感受」是什麼？當有人問你「你覺得這點子／計畫／決定如何？要去哪度假、是否要購買昂貴的物品、要選擇哪個工作、這個醫生適合我嗎？」你可以讓身體判斷，把身體反應當作考慮因素之一。你的言語也會改變，開始說「我覺得那個怪怪的，讓我再想想」或是「我不太喜歡那個點子，但是無法確切地說出為什麼，我晚點再回覆你」。

很快地，你的家人和孩子也會開始使用這樣的語言，這會磨練他們的直覺力，也會磨練他們的思考力。也許未來某一天，你的孩子和朋友一起去阿姆斯特丹、曼谷或芝加哥旅行，天色已晚，他們都喝了酒有些醉意，原本打算搭計程車去下一個地點，但你的孩子最後決定跟旅伴說：「我真的覺得好累，我想我們還是回去旅館，早點洗澡睡覺吧。」從小磨練的直覺力在那個當下，可能讓一切變得不同，及時預防一場意外的發生。

最後提醒

最後要提醒一件事，有些人因為從小所受教育的束縛，會完全否認自己的身體狀態，我們覺得自己沒問題，那是因為麻痺了。

男性常處於這樣的狀態，因為他們從年輕時就被教導要勇敢，而女性則是被教導要把別人的需求視為優先。有時候，我們就是需要他人的當頭棒喝，才會察覺到自己固著的行為。

有個好友很久以前就對我的狀況是好是壞非常敏感。她患有自閉症，之所以如此關注我，有一半是為了她自己，因為她不喜歡處在無法言喻的憂鬱情緒中，那會讓她覺得困惑與害怕。

我這位朋友會非常關心地說：「你不快樂。」我下意識地回她：「沒有啊，我很好。」「不，你不快樂。」然後，經歷一陣內在糾結，好吧，我承認自己不快樂。我正小小地擔心一些事……呃，那其實是不小的擔憂，於是我們開始討論我可以怎麼解決。「我就知道。」她會這麼說，說完人就放鬆下來了。

事實上，這就是治療師的工作：有一個真正關心你的人支持著你，溫柔且一針見血地提問，讓你走進內在（身體的感受）並承認「對啦，我就是有這些感受（悲傷、憤怒、恐懼、興奮、戀愛了、準備冒險）」，然後他們就會針對情緒做些處理。協助人類面對自己的內在世界，讓一切就緒，的確是我們治療師可以為他人所做的最重要的事情。但是，如果你能如此幫助自己也是很棒的，而且一旦開始，大多數情況下你都能如法炮製。

身體覺知小練習

1. 每個人對於身體覺知的差異頗大，如果從以下選項中選一個，你的身體會是：

a. 關閉的，且對身體沒有覺知。
b. 普普通通，偶爾會察覺到，但不是一直如此。
c. 對身體感受、移動、舒適度的連結很強，而且幾乎時時都能覺察自己的身體感受。

我們身體要做的關鍵事之一，就是引起我們的注意，因為如果沒有適當地照顧身體，我們就無法正常運作。有時，它會透過疼痛或是其他無法忽視的身體「故障」來引起注意，呈現方式可能有消化不良、膝蓋問題、頭痛或脖子痠等等。

2. 當身體向你發送訊號時，你會予以回應並採取行動嗎？疲累時你會停下來休息嗎？覺得身體僵硬時，會伸展一下嗎？或者是，你會在身體超載的情況下繼續操它呢？

3. 你的身體是否有哪個部位偶爾或經常疼痛，或是活動不順暢呢？（說明一下，這背後可能也有病理上的因素，不論哪種情況，重要的是找出可能的原因，然後就醫。）

你覺知到的可能比較單純，例如注意到一般的疲勞感，或是狼吞虎嚥之後，感到肚子痛或打嗝、脹氣。也有可能你可以覺知到比較複雜的狀況，例如因為童年時期的家暴陰影，自己容易胸悶或嗓子鎖緊，說不出話來。

4. 你身體有哪些狀況，可能是過去某段尚未療癒的經歷，所留下的後遺症呢？請上到第三層樓（思考層）並給自己一些溫柔的鼓勵吧！你順利存活到現在，也取得了長足的進步，並且正在解決生活中的問題，這是很有智慧的舉動。借助書中的工具，你可以加快療癒的速度與對自己的理解，並在未來更加地覺知與熱愛自己的身體。

Chapter

— 4 —

二樓
情緒能強化你的生活

The Second Floor
Emotions and How They Power Your Life

一九八七年的春天，我們夫妻正期待孩子出生，我們已經有個三歲的兒子了，這是期盼已久的第二個孩子。但是懷孕四個月時，我太太突然流產，我們滿懷恐懼地趕到醫院。對於這件事，我現在只記得看到莎倫站在淋浴間裡哭，有一小塊果凍狀的組織從她體內掉了下來，我顧不及濕漉漉的地板，衝過去伸手扶住她並抓起那塊果凍狀組織。在那段悲傷又悲慘的時光中，我還是勉強自己專心安慰莎倫，並設法處理整件事。這意外發生在周五下午，而我隔天整個周末還要帶領一個行程緊湊且要求很高的十四人培訓團體。我在課堂上老實地跟大家說了我們的遭遇，但我的工作職責就是要設身處地地為學員著想，而我也做到了。

接下來幾周，我活像個行屍走肉，因為引頸期盼的第二個小孩夢如今已然成空。莎倫則變得封閉，每次我想跟她好好談時，她都說別管她。時間似乎凍結在那裡，人生是灰色的，而且度日如年。直到有天下午，我走進我們家農場裡蓋的聚會室，那是個美麗且類似教堂的建築物。我從架上取下吉他，坐在地板上，陽光灑進室內，我就像許多休閒中的音樂家般，讓音樂自己流進雙手。一些隨機的和弦出現，然後逐漸變成滾石樂團（Rolling Stones）原唱的歌曲〈紅色星期二〉（Ruby Tuesday），我接著輕輕對自己唱了起來：「在明亮的陽光下，或在黑暗的夜裡，沒人知道，她來了卻又走了……」

突然間我再也克制不住地啜泣，再來就不只是哭泣，而是淚流成河，我低頭抱著吉他，頭幾乎都要碰地上地哭彎了腰。「再見了紅色星期二，誰能為你命名呢？」我很確定這首歌並不是為了悼念失去孩子而寫，然而心智是美妙的，我忽然明白自己失去了什麼，那是個女孩、女兒，而這是個很深切的悲慟，我當時並不懂。

即使這件事發生距今已經三十多年了，我下筆的當下仍可感受到那股情緒。能透過歌曲釋放情緒並與之共舞，讓我活了過來，不再消沉，這讓我覺得很感恩。我現在也有個漂亮的女兒，而莎倫和我也學會了在艱難時期中保持親密、相互扶持，我也學到了幫助他人走過悲傷的方法。

情緒對人類而言就像呼吸或走路一樣重要。我們不斷地在感受情緒，而且新的研究顯示，就連我們的夢境（通常帶有強烈的情緒）也是撫平、解決焦慮和恐懼重要的一環。情緒是「內在對外在發生事件所產生的反應」，旨在為我們提供動力好度過異常強烈的各種好壞狀況，以便讓我們恢復平衡。令人驚訝的是，直到最近才開始有少數人（包括精神科醫生）真正了解為什麼人類會有情緒！過去數百年來，許多文化還試圖在沒有情緒的狀態下生活，結果就是造成很多苦難和無趣！

情緒是我們活力的源泉，也是人生意義的驅動者，值得慶幸的是，我們終於開始學習擁抱情緒。歡迎你來到這個活力充沛、五彩繽紛的舞池，它是你四層樓豪宅的第二層，你的心就住在這裡，你的生命力即將奔向自由。

了解我們的情緒

許多人一想到情緒，都認為這是個問題，然而只要能與情緒為友，它們會變成絕佳的幫手。

先想像一下，你的一天就如往常般的開始了，起床、吃早餐，和親愛的家人告別後出門去工作。你邊開車邊沉浸在自己的思緒裡，突然注意到眼前的景象——有台失速的對向來車正衝向你的車道，對方車輪打滑、發出尖銳的剎車聲，且正朝著你撞來。

你全身上下每條肌肉都緊蹦了起來，趕緊踩剎車、睜大眼、並瘋狂飆起髒話。無處可躲之下，你只有時間想到「糟糕！」但是令人驚訝的，僅差幾步之遙，那位駕駛突然穩住、回到原本的車道，而你毫髮無傷地逃過一劫。你繼續開車前進，全身抖得像果凍，終究順利到達公司，雙手卻還是抖到握不住咖啡杯。

從某方面來說，什麼事都沒發生。你還活著，車子也沒被刮傷，然而，在心理層面卻發生了很多事。你的頭腦已經註記：你差點死掉或受重傷，而且你的生命從此改變了。你直視了近在眼前的死亡，不得不緊急採取超出常理的行為，然後一切結束了。

然而，你的體內還有一些殘存的「衝擊」需要處理。還記得什麼是情緒嗎？情緒是內在的變化，是在回應外在事件，而且這是必要且有益處的變化。它就像一道閃電擊了中你，你的體內現在就攜帶著那股電流，實際上這是一種荷爾蒙激增的反應，像是腎上腺素、皮質醇或腦內啡之類的，但我們還是繼續用電流做比喻吧，因為它感覺起來就是那樣——你的情緒帶著電流！

由於車子沒有發生碰撞，因此你無須採取任何行動，然而，你也因此處於一個有點奇怪的位置。你的身體系統突然充滿了無處可去的能量，當你抵達辦公室時，可能會試著透過訴說來釋放能量。「你不會相信我剛發生了什麼事……」回到親人身邊時，你可能會更加鉅細靡遺地描述。如果你是個情緒外放的人，而身邊也圍繞著關心你且值得信賴的人，在你逐漸釋放體內儲存的「電流」時，可能會流淚、不寒而慄、顫抖或需要擁抱，你一整天都會一點一滴地在釋放體內那股「閃電般的電流」。

你如果不這麼做或沒機會這麼做，那麼電流將留存在你體內，而且會累加在其他未釋放的情緒中。而這種未釋放的情緒積累，就是我們所稱的PTSD，即創傷消失後留下的壓力。但這有點奇怪，因為我們人類在設計上是能夠因應創傷的，對於老祖宗來說，生活通常是相當恐怖且戲劇化，所以我們演化成能夠透過釋放自己的情緒，來處理那些狀況。在許多文化中，只要發生了任何不幸事件，大家都會啜泣、大哭並相互安慰，他們發自內心進行談話的機會也比我們多更多，因此他們可以應付很多狀況。古老的文化就是會特別騰出時間、空間這麼做。

PTSD並不是創傷的自然結果，而是因為嚴重的事件接二連三地發生，卻沒有機會療癒所產生的後果。因為我們的文化沒有注意到這一點，所以數以百萬計的人因此產生嚴重的健康問題，而且通常是那些負責執行最重要、最危險工作的人，例如：急救人員、士兵、警察、新聞工作者、醫生、護理師等。多年來，這些職業的職場文化是不允許顯露任何情緒，結果證明這是最糟糕的選擇。毛利人或古希臘人等古代文化，都有專門的儀式和祭典來幫助戰士復原，而如今我們只提供了啤酒。

為了防止PTSD的發生，首先要記住的是情緒是自然的，實際上有可能是必要的。讓我們回到前面的例子，假設對向來車最後在相距幾公分近的地方煞住了，駕駛那輛車的幾個青少年居然下車嘲笑你沒膽，你很可能會氣得砸破他們的車頭燈——這麼做可以讓你好過些，因為它釋放了你身處極度危險中產生的憤怒。也許更有用的是，你決定嚴厲地訓他們一頓，並且請警察到場處理，否則絕不離開。這麼做會讓世界變得更安全，如果很簡單就放棄面對這類事件，是軟弱且毫無助益的表現。我們需要憤怒讓自己變得堅強、專心，而且每個人都需要一點「準備就緒」的怒氣。如果車子發生了碰撞，那麼你會需要情緒的協助，假設車禍之後車子起火燃燒，你得設法從扭曲的車體內逃出，或是為其他受傷受困的人尋求幫助，腎上腺素會讓你變得異常強壯和迅速。恐懼能成為你的朋友，讓你精力充沛，必須從事某些要事時也會讓你「沒有疼痛感」。

最糟的狀況是有人喪命，而且是個無辜的路人，那麼當你晚點到了辦公室時又會呈現出很不同的狀況了——震驚、哀痛，強烈又緩慢的情緒會讓你很難專心工作。你可能需要回家，並需要諮商。

我們比較不會想到的一點是，如果這起可怕的事件能妥善處理，並交給身體全權處理，最終這起事件將化為有用且正向的人生經歷，你的格局會擴大，人也會變得更善良、更睿智。我諮商的客戶經常表示，在這些重大創傷即將復原的時候，由於從中學到寶貴的人生課程，他們並不後悔事情的發生。實際上，這是個很棒的指標，表示他們已經康復了。

創傷後的成長

明白生命有多脆弱（死亡永遠近在咫尺），有助於我們活得有智慧且美好，可說是其中最關鍵的洞見。我有位朋友是個知名記者，他向來為自己能面對各式各樣噩夢般的狀況感到自豪，直到有一天，某件意外發生了，他的內心充滿了焦慮——侵入性的思想、噩夢、無法控制的憤怒，以及有如海嘯般襲來的罪惡感和恐懼感。即便是前往最棒的機構接受治療，他也無法找到自己所需的幫助，於是他開始自學創傷療癒有關的知識。

因為如果不這麼做，他將無法繼續擔任父親或丈夫的角色，而且很可能會走上自殺一途，由於症狀非常折磨人，他當時多次考慮要這麼做。後來他開始了解到，還有個超越一切俗世之外的境界，但那不是個常態。有這種認知，就表示你在靈性和認知上逐漸成為一個更完整的人了。佛學老師史蒂芬・拉維（Stephen Levine）稱之為「在地獄中敞開心靈」——你知你所知，但仍可選擇信任、愛和自在。這並不容易，但卻是事實。

治療師開始稱此為「創傷後的成長」。對我培訓的治療師，我給他們的第一條訊息就是「停止對創傷患者進行病理檢查」，而且絕對不要以「恢復正常」作為治療目標。恢復正常是個安慰獎，如果你有過刻骨銘心的痛苦經驗，就不該把時間浪費在成為「過去的你」，而且事實上也辦不到。倒不如繼續前行，讓創傷事件引領你往更高處飛去。畢竟，**苦痛最大的意義，就是讓你變得更懂得真心關心他人，並深刻感激自己還活著**。

如果你學會讓情緒做好自己的工作，它將協助你走過某些狀態，並度過事後餘波，當你願意繼續從已發生的事件中學習並成長，情緒會是個好幫手。這可是帶有一層很深的涵義：你只是個血肉之軀的凡人。「自己只是個凡人」的想法是否影響了你的人生計畫？心中時常保有這種想法對你會很有用，像是人在開車時容易做出蠢事，那麼這個想法會改變你開車的方式嗎？其他方面亦可以此類推。

因此，情緒是幫助你從創傷中走出來的重要過程，可以協助你重新建立自我認知。但，為什麼是情緒呢？情緒是如何運作的呢？這是不分年齡的人都需要了解的東西，我們這就來開始為你一一解密。

四大情緒

哺乳動物生來帶有情緒，有些情緒，像是悲傷和哀慟則是有記憶能力的高階動物才有，譬如大象和猩猩也會感到哀傷。接下來你會很開心地了解到情緒其實很簡單，就像色彩學裡的原色一樣，人類情感的每種色調都來自少數幾種原色的混合。

這四種基本情緒是：歡樂、憤怒、悲傷和恐懼。人類所有其他複雜的情緒，例如：嫉妒、懷舊、羨慕和愛慕等等，都是這四種基本情緒的組合。然而，這類混合而出的情緒會把我們引往不同的方向，所以很難深入了解。舉例來說，嫉妒是憤怒與恐懼的結合，恐懼一方面發出「再靠近一點」的訊息，另一方面憤怒卻大叫著「滾開」，毫不意外，這種混合情緒根本就是災難一場。如果我們感到嫉妒，最好搞清楚背後的恐懼來源，並以另一種方式解決它。情緒混雜在一起的時候，通常會出現一種「最主要的」情緒，藉由陪伴它，你就更有機會找到方法度過情緒風暴。

優秀的治療師會幫助你將複雜的情緒拆解成基本成分，並依序解決它們。能一一解決任何令你感到不安或沮喪的問題，不是件壞事，請坐下並寫下來吧——請問這個情況下，你為什麼感到難過呢？你在氣什麼？在害怕什麼呢？有什麼讓你感覺很棒的嗎？透過這個方法，常常會帶來令人驚訝的頓悟，也能宣洩情感，通常還可以幫助你了解下一步該採取什麼行動。一般來說，這四個主要情緒中會有一個表現得比較強強烈，這就是需要優先處理的情緒，另一個情緒也許會跟著慢慢浮出水面。情緒受到關注後就會開始自我梳理並自我平衡，慢慢地你會更懂得如何自我解套，接下來就要深入解釋這一點。

我曾看過我的老師羅伯特和瑪麗‧古丁夫婦（Bob and Mary Goulding）進行一些讓人讚賞的治療。有一次在節目上，一個年輕人正在談論自己很害怕向潛在的伴侶展示真實的自我，他的理由是：「萬一我被拒絕了怎麼辦！？」七十多歲的瑪麗操著像紐約計程車司機般的口音說：「如果她不喜歡真正的你，你最好快點閃人。你可以跟她說謝謝不用再聯絡，然後繼續找下一位。」看到這名男子有把她的話「聽進去」之後，她溫暖地笑著說：「世界上還有很多積極、熱情的女性正努力尋找一個心地善良的好男人。」她轉頭看向台下觀眾席的女士們，注意到她們都在點頭和微笑。

每個主要情緒都有它所要執行的工作。讓我們從最簡單、最原始的情緒開始談起。**恐懼協助我們安然無恙，防止我們從事危險或致命的事情，**如果我們能脫身，那問題就解決了。當我們不斷感到恐懼時，就需要他人的支持，一個大大的擁抱會是個好的開始，因為它可以讓身體再次確認：「我有盟友和支援。」然後大腦也加入陣容，因為我們需要獲取資訊並制定計畫，來因應隨後發生的事件。請放慢腳步，好好思考，當我們確信一切妥當就緒時，恐懼就會消退，因為它已經完成自己的工作了。

憤怒也很直截了當，它的工作就是激勵我們捍衛自己的空間、站穩腳步，或維護我們的自我認同不被吞噬。憤怒的人需要空間，需要讓別人聽到他的聲音，並受到認真對待。不過，憤怒不是嚇人或行使暴力的許可證，這一點我們之後會再做進一步討論。

憤怒的解決方法通常是盡早表達出來，而不是隱忍到真的怒火爆發。有經驗的家長懂得演戲，他們會假裝生氣來讓孩子警醒到自己做錯了，像是提高聲音或尖銳地說話，但不帶敵意。（孩子可以感覺到兩件事：他們的大腦會說「我們最好動作快點」，但是超感知則明白自己是安全的。）每當我要求大家想像一個生氣的人，大多數人想到的是個壯碩、氣得滿臉通紅的男性，逐漸逼近且頗具威脅感，然而這是一種功能失常的憤怒，一種被濫用的憤怒。一個健康的人，表達憤怒時可能會很大聲、很明顯，但不應該危害到其他人。**我們應該只用憤怒來建立界限，而且這其**

實是可以非常冷靜地處理完成的。

悲傷相較之下就是更漸進和深刻的了，它的目的在於緩解我們放下的過程，通常是不得不與自己心中很寶貴的人、事、物告別。一般來說，一個人可以開始談論遭遇的悲傷事件，就是療癒的開端，然而當我們在放手的痛苦中掙扎時，有個值得信任的人待在身邊，甚至是在我們宣洩悲傷時給予擁抱，都會讓處理悲傷一事變得更容易，在日常生活中花很多時間哀悼和反省也是不可或缺的。令人驚訝的是，哭泣這個行為會讓體內釋放出減輕疼痛的荷爾蒙，因此有助於治癒因失去重要人事物所引起的強烈精神痛苦。**哭泣不是問題，而是個解決辦法，這意味著事情已經開始好轉。**

藉由跳舞、聽音樂、長距離散步來宣洩都是好方法，最糟的是麻痺自己，沒什麼東西能比酒精、藥物或其他逃避行為，更能將哀慟的過程搞得亂七八糟，不去面對自己所需要面對的悲傷是無濟於事的。悲傷是解決起來最費時也是最緩慢的，因為為了適應已失去的人、事、物，大腦中有很大的區域需要重新連結；然而這最終會帶來成長，而非削弱我們。我們不應該只是單純地讓生命繼續前行，那樣會剝奪掉一些寶貴的經歷。當我們悲慟時，會在腦中以「失去了但並非遺忘」的標籤，將失去的人事物收藏起來，當成珍貴的記憶，而這些回憶會成為生命的資源。我們會記得生命中曾經擁有的某個人，而這是一件能帶來豐盛和感恩的好事。悲傷就如同其他情緒，會像海浪般襲擊而來，也會如退潮般逐漸平緩，而這個過程正是我們活著的一大提醒。

最後要談論的是喜悅。喜悅是什麼呢？喜悅以各種形式像是刺激、愉悅、興奮、滿足感等等，來幫助我們歡慶自己的生命，並心存感激。我們應該盡可能找到表達或感到喜悅的方式與機會。跳舞、大笑、裝傻，或者只是靜悄悄地注意到世界上的奇蹟。喜悅會讓身體充滿能夠增強免疫力的荷爾蒙，能療癒損傷並幫助我們的大腦成長。說實話，快樂需要什麼理由呢？

情緒是我們可以非常深刻體驗到的強烈生理狀態，而情緒的功能既是指南針（指向我們所需），也是使我們達成目標的能量來源。沒有所謂的「負面」情緒，它們都是為了幫助、保護並激勵我們，沒有了情緒，我們會很無聊，更甚者，也根本無法存活！著名的神經科學家安東尼歐．達馬吉歐（Antonio Damasio）發現，當人們失去情緒（因為一些嚴重的腦部意外或手術所造成）時，他們可能在智力上沒受到損害，但在決策或選擇上會遇到大麻煩。他寫過一個悲慘的真實故事，一位優秀的科學家因為腦部腫瘤的關係，需要切除大腦中掌管情緒的部分。手術後他的同事們發現，即使是再微不足道的決定都會讓他不知所措，例如要去哪吃午飯。

情緒可幫助我們做決定，從談話中可以找出端倪，像是我「覺得」我想要散步，或我「感到」不安。情緒也可以幫助我們了解自己重視什麼，並且與理性思考合作，使它更完整、更明智。然而它們也可能會失控並打亂我們的思路，因此絕不可讓情緒獨自運作。

處在悲慟中的孩子　每個小傷痛都需要被了解

生命常是艱難的，讓我們悲傷、害怕或灰心喪志的事情總是在發生。有時候，我們最需要的是愛我們的人能給予理解和支持。

幼稚園老師珍妮爾有天早上，注意到五歲的達瑞斯看起來很孤獨，詢問原因之後，他回答：「我想念我媽媽。」

珍妮爾覺得自己的肚子揪了一下，幾周前，達瑞斯的母親因腦瘤在長期臥床數個月後過世了。學校知道這件事，因此特別關注這個小男孩，以確定他沒事。珍妮爾保持情緒穩定，低頭看著達瑞斯的雙眼，說道：「你想念媽媽的什麼呢？」達瑞斯毫無遲疑地回答：「我受傷的時候，她會親吻我的傷口讓我感覺比較好一點。」珍妮爾輕輕地移動到他身邊問：「那你要不要老師親一下傷口，讓你覺得好一些呢？你覺得這樣會對你有幫助嗎？」他沒多說什麼，只是舉起幾分鐘前刮傷的小手，珍妮爾溫柔地親了他的手後，看著他的雙眼。「謝謝老師。」說完，他就立刻跑去加入其他孩子的陣容了。

珍妮爾了解一個很重要的事實：巨大的哀慟，是由微小的傷痛累積而成。每個小傷痛都需要被感覺、了解，以及關照；不是所有事物都能被修復，但是都能被「接住」、理解，而且帶有積極正向的意義。情緒能關照自己，因為它們本來就是這樣設計的，然而，情緒也需要他人的關心讓一切順利進行。**要他人不要難過，或試著迅速修復某個無法修復的事物，都只會阻礙這段過程，讓傷痛難以復原**。人類可以處理可怕的事情，但前提是周遭的人必須能坦然地面對那些強烈的情緒，並支持他們。

如何辨識情緒

情緒是從身體內部發生的，比我們在「第一層樓」談到的單純感覺要更為具體和豐富。比方說，你女兒的胃痛可能單純是消化不良，但也可能是因為在學校被霸凌了，她很害怕且不知道該怎麼跟你說而造成。她需要你的幫助，才能掌握背後的真實原因。親子教養有很大一部分是在幫助孩子處理他們的情緒，以及傾聽、關懷並允許情緒發生。

感覺是身體感官反應的集合，例如：緊繃的下顎、發熱感、僵硬的肩膀，或一股衝向頭部和臉部的能量等。這些通常會同時發生，並指出一點：這是一種情緒，而且在這情況下是「憤怒」。

永遠要記住一件事，**情緒只是個過程，它就是一股竄動的能量**。如果你覺得自己困在某種情緒中，那就表示事情不太對勁，找人談論你的狀況幾乎都會有幫助，然後再用你的超感知找出解決之道。注意一下情緒在你體內產生的位置，通常會有個特定的位置，甚至更常是好幾個。我們常將悲傷隱藏在眼睛或鼻竇中，將憤怒隱藏在肩膀或下巴中，在腹部隱藏悲傷，不過實務上會因人而異。我十幾歲學過空手道，當時學到怎麼利用特定的拳法有效產生破壞力，如今在我受到威脅時，第一個反應是拳頭會自然而然地握緊。看來，在我發脾氣前，我的手似乎已經先知道了！

每種情緒都有一組完全不同的身體徵兆。在《搶救雷恩大兵》中有個令人難忘的場景，騎著摩托車的信差將電報帶到了一個偏僻的農舍。史蒂芬・史匹柏從遠處靜靜地拍攝了這個場景，你看不到任何人物的臉。只見一個穿著圍裙的女人來到門廊，拿起電報，看了看，然後跌跪在地——光是這樣你就知道發生什麼事了。悲痛是種既原始又普遍的情緒，不管是張嘴大哭、哽咽抽泣、淚流滿面、身體向前彎曲或癱軟跌坐。悲傷是一種全身性的體驗，我們唯一能做的只有臣服於它，放手讓它完成自己的工作。

羅傑斯先生的訊息

如果你在英國、澳洲或美國以外的地區長大，很可能錯過了一部很有價值的兒童電視節目《羅傑斯先生的鄰居》。這節目播了三十三年，成為當時整個世代小孩子生活的一部分。

羅傑斯是一位剛畢業的長老會牧師，擁有音樂專長，在母親家裡看見人生中的第一台電視。透過電視節目，他對當時兒童權益有多低落感到非常震驚，後來便與最權威的兒童心理學家合作，製作了與探索情緒、與人相處和建立自我價值有關的每日電視節目。憑藉著造型古樸的手偶、和緩且對兒童友善的節奏，外加羅傑斯溫柔的演出，《羅傑斯先生的鄰居》成為電視史上最成功的節目之一。

他在節目中傳授的資訊是任何年齡層都適用的心理健康基礎：

1. **聚焦在與你相處的人身上，請全心全意地與他們相處。**羅傑斯雖在電視螢幕上，但卻有種魔力，小孩子會覺得他彷彿是對著自己一個人說話，他說話時帶著滿滿的善意和尊重，也懂得稍作暫停讓孩子有時間理解。你會覺得他內心也住了個羞怯的孩子，不過在發現了人際關係所帶來的愉悅之後，他願意向你敞開心扉。

2. **世界上的每一個人，從小孩到殺人犯，都需要無條件地被愛。**事實上，當發生大規模謀殺或可怕的事件時，羅傑斯始終清楚原因出在哪，因為罪犯們並沒有如他們所需的那樣被愛，所以覺得自己必須幹下「大事」來獲得關注。羅傑斯在甘迺迪遇刺事件發生時，也處理了孩子們的恐懼，在那個動蕩的年代，對於自己所聽聞的新聞事件他並不會避而不談。

有件最基本的事他非常理解，這也可能是兒童成長過程中最重要的一點，那就是，只有在感受到他人愛著並重視「我們原本的模樣」時，我們才有可能發揮潛能。無條件地愛孩子並表現出來，他們便得以自由成長。

3. **我們所有人的內在都住了個害羞又緊張的小孩，他／她很容易感到害怕或生氣，也需要協助來處理這些狀況。**「你如何處理內在的混亂？」是這個兒童節目經常出現的主題，同時也寫成節目中一首觀眾耳熟能詳的兒歌。羅傑斯指出，熱愛玩具槍或刀劍的孩子，是因為他們對於自己在世界上顯得弱小無力而感到恐懼。然後羅傑斯會告訴這些小男生，他們內在的力量很強大，他們也相信了並立志成為這樣的人。同時，他也會告訴他們，能夠感到自己的脆弱並與可信賴的人談論自身感受，是很勇敢的行為。

4. **悲傷和哀慟在生活中是很自然且不可避免的情緒，但它們會消逝，歡樂會再回來。**悲傷的當下令人難以忍受（常收看他節目的孩子們很多失去了父母，因此離婚是羅傑斯經常談論的話題，當然那個時代的孩子也患有許多難治之症），但生命中沒有什麼是不能面對，且不能人性化處理的。羅傑斯明白，人與人之間的連結能讓生活變得好過些，我們必須與孩子們談論他們的感受和恐懼。對此，羅傑斯非常簡明扼要地說過：「如果可以說出來，那就還可以處理。」而且，它沒有想像中難，你只需要做好心理準備，自己的心可能一時會被拉扯得很難受。

5. **最後，我們成年人有項最主要的任務，就是必須與世界上永遠存在的兒童棄養和剝削抗爭。**我們必須保護孩子的童年，他們才能夠發展成應有的樣子，也才能成長茁壯。

我們為什麼覺得情緒好難？

如果情緒這麼簡單，為什麼還會出現那麼多麻煩呢？其實這沒什麼難解的，因為二十世紀（尤其是上半葉），簡直是場噩夢，發生了兩次世界大戰、經濟大蕭條，世界各地出現大批難民，而我們的曾祖父母成長在那個時代也承受了巨大的創傷。他們通常只能關閉所有情緒，因為在緊急情況下這是你必須做的；然而，他們的生命再也無法重拾光明。他們不懂我們現在說的「情緒觸發」為何，他們無法容忍孩子們有情緒或因情緒發出聲響，所以會因為孩子有情緒而加以懲罰。

我們的父母便是由這樣的父母撫養長大，雖然這種教養方法已開始被淘汰，但仍有許多家庭活在險境中，我們身邊依然有許多暴力的父親、失能的母親、遭受性虐待的兒童等，而且還可能有為數眾多的事例沒被人看見。因此，我們這一個世代的童年時期，多數人通常也無法應付我們所表現出來的情緒。如果我們感到難過並告訴父母，他們可能不會讓我們好過，所以我們會感到加倍難過。

展現自己真實的內在情感的確是種脆弱的表現，有些人的反應可能讓你失望、不喜歡你，甚至不在乎你的情感。但是，他們也有可能做出相反的行為——關心你、希望幫助你。不表露情緒，怎麼讓人認識你呢？知名作家布芮尼．布朗（Brené Brown）很會說故事，她解釋得很到位：如果你不表現出脆弱，如果你不冒險，那麼就沒有好事發生——沒有愛、沒有親密感、沒有信任、沒有創造力，也沒有什麼真正的快樂。請花個一分鐘好好讀進這一點：**沒有脆弱，就不會有生活中的美好事物**。因此，談論你的感受是非常重要的，這可能會令人不舒服，但它會讓事物變得更容易些。

悲慟不是一種道別

有時候，有些想法剛開始是出於好意，但後來反而成了讓你裹足不前的理由。

一九七〇年代，有位瑞士裔美國籍精神科醫生伊麗莎白．庫伯勒．羅斯

（Elizabeth Kübler-Ross），勇於挑戰當時世人對「死亡」和「臨終」的觀點。我們現在很難相信，上一個世代的人，不論是醫生或家屬都會對垂死的患者隱瞞他們真實的癌症病情。數以百萬計的病患就在假裝、困惑和情感疏遠的痛苦中，度過了生命的最後時刻，因為他們從來就沒有被告知真相。

我還記得一位年輕女客戶經歷的痛苦。她當時因為期兩年的工作合約來到澳洲，卻不知道在愛爾蘭老家的弟弟患病，而且已經處於癌症末期。弟弟的太太和醫生都對她和其他人隱瞞了病情。某一天，我的客戶震驚地得知從小感情深厚的弟弟竟然已經過世了，她根本沒有機會與他道別，甚至連回去參加葬禮的機會都沒有。

庫伯勒．羅斯徹底改變了一切。她說服世人「多花些時間與臨終者相處」的必要性和好處，我們才能好好地道別，並處理所有未竟事務。那種悲傷是自然且美好的，雖然會經歷幾個階段，但是這些都是放手的必要過程。悲慟總有一天會煙消雲散，那才是真的結束了。

結束當然有其意義和價值。如今，死產嬰兒的爸爸媽媽們已被允許按照自己所需的時間與夭折的孩子相處，看看他們的小手指、小臉蛋，擁抱他們，並為他們哭泣。即使是如此慘烈的人倫悲劇，透過這樣的方式也得到了緩解，經過一天或一周後，父母親也能夠放手讓孩子離開了。藉由允許自己盡情感受，他們的心可以挺過這一切。

結束並不等同遺忘，所以「悲慟有階段性」這個概念也並不代表悲慟會有個結局，或是遺族希望它結束消失。如果有人這麼認為的話，那可就深深誤解了人對彼此之間的意義了。**我們人類不是實用性消失後，就可以丟棄的物品，一段關係不會因為一個人的肉體消逝而結束。**許多傳統文化對心靈的本質非常了解，因此他們與死者會有更多地互動，讓逝者繼續活在他們的情感和理智中。

這裡也帶出一個問題：有沒有可能，悲慟根本就不是一段放下的過程？它會不會其實是個讓某個人融進你內心的過程？你可能愛一個伴侶或朋友四、五十年了，他們讓你的生命更加精彩、充實、有意義，他們深愛著你，你也深愛著他們。以我自己為例，如果要說我太太莎倫賜給我最獨特的一份禮物，那就是她讓我變成了更好的人。隨著學習如何與她相處、聆聽彼此截然不同的經歷、在無數的危機和困難中共同成長、了解怎麼逗樂對方……沒有這些經歷，我可能會是原本那個人生一團糟的自己。要是她比我先離世，我怎麼可能會想要「完全忘掉」她，斷個一乾二淨呢？門都沒有！

在生命中有著深刻連結的兩個人，他們之間的對話即使在肉體逝去後，不僅會繼續，還會更加深入並有所成長。人與人以如此驚人的方式在彼此意識中交互纏繞，就表示只要我們繼續活著和成長，與亡者的關係就會持續下去。市面上許多電影都探討了這個想法，這是因為與逝者持續有連結在神經學上是完全真實的。

光是基於這個理由，要花上幾個月或幾年的時間與回憶相伴，仔細體會失落感、反思並消化是很值得的。大家不妨嘗試從繁忙的日常生活中撥出時間，到海邊散散步、獨處、寫作或創作，我們可以透過這些方式，將珍貴的人深深地銘記在心。

如何使用情緒

你是如何使用自己的情緒呢？它的運作流程是這樣的：不論是什麼情況，每天都盡可能地多多聆聽自己的身體（就像上一章學到的那樣），而且有時候你會發覺一些強烈、不舒服且不會消失的感覺——實際上，那感覺似乎正在加劇。這就是你心靈的警報系統在說：你的內心或外在世界有某些事物現在就需要你去關注。

例如，有人已經連續兩次讓你失望了，而且大概很快就會發生第三次。當你聚焦於這個事實時，感覺到身體有點發熱，肩膀可能還有點緊繃。是的，你很生氣，生氣也很正常，因為他們沒有尊重你的需求或界限，現在是時候採取行動來做些改變了。你可能選擇告訴對方你的感受、你生氣的原因，以及這樣的行為對你造成什麼影響。知名心理學家湯姆士・高登（Thomas Gordon）將此稱為「我訊息」，也就是類似這樣的句型：「當你＿＿＿＿時，我感到＿＿＿＿，這是因為＿＿＿＿，我希望你＿＿＿＿。」對人大吼大叫雖然也有影響力，但是就無法提供這麼多訊息，而且往往只會讓人想要跟你對著幹。

在任何關係中，界限都必須經由反覆測試才能得知。你生氣的對象可能會覺得羞恥或悔恨，你也超感知到他們是真心想要改過；又或者是，他們表現得事不關己或狂打太極，你就會知道以後不能再信任他們。無論哪種情況，你都會變得越來越好，情緒力度也會有所減輕。

只要你開始思考，憤怒可能就會以不同的形式呈現。比方說，你可能認為這對你而言不是一段重要的關係（例如某個不太熟的業務窗口），你也不是非此人不可，因此向朋友大吐苦水，但最重要的是你不會再跟這個人來往了。這個決定運用了憤怒的力量，幫助你設立界限並切斷關係，而且讓你的生活變得更美好。完形治療法（Gestalt therapy）的發明人弗列茲．波爾斯（Fritz Perls）就說過，即使是啃個胡蘿蔔也要帶點氣勢啊！

群居的企鵝需要理出各自的巢穴範圍，人和人的相處也是如此，只要狠咬對方幾次他們就會知道不要來招惹我們。**即使是最親密的關係也要有界限，只有當我們明確定義自己的時候，才有可能實現真正的親密關係。**因此，如果你對喜歡的人感到憤怒，請不要害怕，請在那個當下聚焦在問題點上。不要說「你總是……」或「你永遠不會……」，這樣只會模糊焦點，請用「現在……」來表達你的憤怒不滿，問題才有解決的可能。你可以在真心誠意地喜愛某個人的同時，仍然在某個「當下」覺得他們很煩或令人難以忍受。關係就是這個樣子。

我們不該迷失於自己的情緒之中，或是被它牽著鼻子走，耍脾氣是嬰幼兒才會做的行為，我們應該學習用更好的方式面對。如果憤怒（或其他情緒）令你感到不知所措，或是因故積累了起來，請將怒氣帶到比較安全的地方並予以釋放，同時也讓身旁的人知道你需要些時間處理自己的情緒。花些時間，用自己的超感知進入那股情緒，並深入探究其從何而來，當你的心思更加穩定、清楚時，再回到原先那個令你產生情緒的問題上。我們都可以學會如何在憤怒中，保持鎮定、安全和頭腦清楚。

憤怒可能只是偽裝

你需要知道一個重要的觀念，經常生氣的人，例如會家暴或有控制狂傾向的伴侶，**通常不是在生氣而是在「害怕」**。他們的童年可能有過被拋棄或虐待的經驗，因此從小就充滿了恐懼，並用憤怒來掩蓋。當然，憤怒是我們表面所見，所以自然不會知道它的根源在哪，這個生氣的本人可能也一無所知。這讓他們變得很危險，因為別人對他們的憤怒所產生的反應，會強化背後潛藏的恐懼，然後他們會變得更加憤怒，形成了惡性循環。我們亟需盡早為這些人提供更多幫助。

此外，這種情況經常發生在男性身上，我們需要先理解男性的侵略性起因於受到驚嚇，並依此規劃服務機構或諮商計畫，幫助他們掌握、處理自己的童年創傷或過去未曾滿足的需求，而不是任由他們與現下一起生活的人共同陷入困境。

我的男性同胞中，有些人從小就被訓練成要當一個和藹可親的人，因此沒有太多理解自身怒氣的機會，但這其實是種嚴重的失能；我自己過去很長一段歲月便是如此。一九八〇年代，我、莎倫以及一些朋友集資成立了第一個澳洲青年熱線電話服務，希望能防止年輕人自殺。我們聚集了一群很棒的志工，並進行密集的培訓，然而我們仍然需要資金才能繼續營運。

為了募款，我們承包了某個在地民謠音樂節的售票員和警衛職務。我發現自己和一群年輕人（大多不超過二十一歲）已經準備好要與大批群眾打交道，這其中也包括了機車幫派和醉漢。正當一切進行得如火如荼時，一個鼓勵我發起這計畫並共同參與的好友，帶了一群我不認識的朋友光臨現場。他說自己很想參加音樂節，而不是整天卡在售票處或是照顧整個志工團隊。

我當年是個二十五歲的小夥子，是個與現在截然不同的人。聽到他的話，我只是點點頭說：「哦，好啊。」我並沒有跟他說清楚，這樣的行徑會讓我的壓力和責任都加倍，或者是他這麼做會降低會場的安全程度。我就這樣讓整件事算了——現在的我覺得難以置信，當時的自己竟然這麼沒骨氣。後來，發生一件頗具象徵性的事件。有個小朋友的風箏卡在一棵樹上，我請這位朋友扶住梯子，自己爬上去把風箏拿下來，突然間梯子變得不穩，他不但沒有趕快扶好，反而放手讓梯子倒下……幸好我及時跳開，否則會跟著梯子一塊重重摔在水泥地上並骨折。我朋友還真的是讓我「跌落谷底般的失望」（let me down）。

在那之後，我們不再是朋友。經過多年不同治療的洗禮（心理劇、完形療法、身體鍛煉、會心團體，以及接受家庭治療的培訓），我碰觸到了自己的憤怒。雖然我當時沒有氣炸（也許我該這麼做），但是這些不同的治療法挖出了重要的東西，並帶來了積極正面的影響，我選擇寄給他一封電子郵件解釋當不成朋友的原因，然後再也不曾見過他。

憤怒的第一個功能是自我保護。在人際關係中，它還具有另一個面向，也就是意味著你在乎。如果某人（朋友或伴侶）生你的氣，表示他們仍覺得投資時間心力在你身上是值得的，他們覺得這段關係還值得努力。當我們放棄某些人事物時（有時不得不這麼做），情緒也會隨之減弱，而在一些情況下，也許放棄才是正確的。我們當然會因此感到悲傷，但也得以繼續往前邁進過生活！

不要成為你的情緒

情緒智商（EQ）的核心是了解你的所有情緒，並全然地感受它們，而不是誤把情緒當作你的全部，也就是不困在豪宅的這個樓層裡。我想大家應該身邊都會有一位用情緒過生活的人，就像家母常說的「一個起伏不定的傢伙」。我們也都至少認識一位常感到匱乏的人，他們通常不太明智地選擇用憤怒來面對整個世界。這些都是感受過多的人，他們需要改為多加思考。當然，有些人正好相反，他們是想太多，需要改為多加感受。若能了解自己是哪種人，會是生命轉變的契機。

閱讀本書你會發現自己慢慢地變成一位冷靜的觀察家，一位能在豪宅中隨意遊走，而且不會困在其中的人。你會開始注意到憤怒、恐懼、悲傷或是喜悅，如果你願意的話，甚至在情緒生起之初（極細微的情緒），你都會覺察到。覺察這些情緒波動時你能夠置身事外，就像看著微小、畏怯的動物逐漸冷靜下來般。最終，即使是面對最強烈的悲慟、恐懼或憤怒，你會發現自己仍能像個冷靜的旁觀者般看著它。

你的情緒可能正高漲著，例如大聲咆哮解釋事情、在床上或是某人懷裡嚎啕大哭，或是為某個差點發生的意外全身顫抖，沒關係，就讓體內的那頭野獸安全地盡情去感受這一切吧！你會因此對自己的韌性與生命力感到訝異：「哇，真有你的。」藉由覺察自己的身體內部，就能穩定處在廣大的世界裡，讓情緒做好自己的分內工作並穿越你，你會發現自己不但成功到達彼岸，也找回了自己的平靜。

請聆聽我沒說的部分

許多年前，我的主要工作是培訓諮商師。某個周末我飛到澳洲一個內陸小鎮，為該地區的醫生提供培訓。我們在第一天會學習如何完整聆聽一個人、他們的感受、處境，並獲取他們的信任。

隔天早上有位年長的醫生分享了個故事。他前晚一整夜都不得閒地待在急診室，有位年輕女子因出現早產症狀，從另一個偏遠的分院搭機前來就醫。她如果提早幾個月分娩會很危險，因此可能需要再緊急送往首都接受更好的治療。這位醫生剛好有空檔和她聊天，他們坐在一起，他把自己白天新學到的技巧派上了用場。

年輕女子告訴醫生，她與丈夫、婆婆同住在一個非常偏僻的農場裡，婆婆非常挑剔，總是無止境地在挑她毛病。隨著新生兒的到來，這個挑剔的情況更是變本加厲，她對此深感不滿。當這個故事浮出水面時，醫生大部分時間都只是在傾聽，沒想到病人竟然會告訴他這麼私人的事情。

令他驚訝的是，談話過程中她宮縮的情況減緩，然後完全停了。救護直升機仍在一旁待命，到了早上，她終於穩定下來。醫院團隊決定，為了確保她和腹中寶寶的安全，他們請她繼續留在鎮上，而她則是欣慰地哭泣著。這位個性一絲不苟的醫生，也很高興自己找到了新的工具能幫助他的病人。

了解每個人都是一個謎團，我們就能以非常不同的方式對待他們，他們因此也能夠更充分地展現自己，一切都會因此變得更加美好！

釋放你的情緒

即使是再普通不過的日常生活，也會給我們留下一些殘留的情緒。因此，任何時候只要有機會，就請回到第一層樓來解決那些情緒，並將它視作感官感受來處理。請仔細覺察這股感受是停留在身體哪個位置？是腹部、肩膀、喉嚨或身體其他部位？接著讓它放鬆，並同時覺察感官感受產生的區域附近，給這個區域更多呼吸和伸展的空間。去覺察情緒的移動，它們會在體內成長、轉移或是消融。

熟能生巧，你將學會如何更快速、即時地操作，在與情緒進行對話的同時，你可以邊呼吸邊處理它們，並吸收它們提供的寶貴資訊。你開始會說一些像是「我對這個想法感到不安」或「我對此還不滿意，請給我一天考慮一下」之類的話語，並以此作為行動的依歸。「感覺」是我們做出改變的能量來源，但如果積累太多或者過剩，就需要找個機會加以釋放，否則將這些早已不需要的彈藥留在手上，可是很危險的。

如果有某個情緒特別強烈，你可能需要等到自己有時間、空間後，再以安全的方式讓身體做任何它想做的事，例如痛快哭一場、捶打床墊、抱抱枕頭等，如果周遭沒人也可以大叫出聲。與此同時，也請好好覺察是否有特定的詞彙在過程中浮現出來，請對自己內在的療癒智慧抱持客觀的興趣，這過程可能很戲劇化，也可能很輕鬆自然。能這樣處理情緒是非常值得的，所謂的成熟就是在情緒完成了自己的工作後，你能夠予以放下。你已經好好釋放它們，現在可以重新輕鬆地呼吸了。

世界上有成千上萬的父母親，就像我們夫妻倆四十年前一樣經歷著失去腹中胎兒的痛苦，這是個重要且需要好好處理的事件。由於我願意去悲傷，所以情緒引領我走過整個過程，因此我不會害怕嘗試再有另一個孩子，而夫妻之間也變得更親近。我沒有踏上「隱忍不發」的這條死路，因為這麼做只是在逃避生命中的苦痛。正因為明白生命是如此脆弱，卻又如此富有彈性，所以我能夠向我們的女兒和孫子女們敞開心扉——**擁有一顆敞開的心，是好好生活在這世上唯一的途徑。**

我希望這一章也能帶給你啟發，並協助你心裡好過一點。情緒豐富了身體傳達給我們的大量資訊，也給了我們力量和能量。然而情緒也像美麗、天真的孩子，會在吵鬧和叫囂中度日，這些孩子需要有個成年人在身邊照顧。我們當然也需要其他東西，像是清晰的頭腦和人生的目標，這時就得上到三樓：智力——你頭殼裡的大腦，一個可以找到定義的地方。

你和自己的情緒熟嗎？六個反思小練習

1. 在自己情緒大爆炸那天之前，有些人可是從來沒注意過自己的情緒。你會說自己是下列哪種情況？

a.）對自己的情緒感到自在、舒服。

b.）對某些情緒感到舒服，但不是全部。

c.）沒表情、不情緒化，完全沒覺察到情緒。

2. 有些人的心很躁動，而且經常充滿強烈的情緒，也就是既沒在自己的身體上扎根，也沒放慢腳步，而且大腦也想得不夠清楚。你對情緒的體驗是常常「陷入其中」，並且用恐懼、憤怒或悲傷來壓抑嗎？

3. 你最喜歡四大情緒中的那一種：憤怒、悲傷、恐懼、喜悅？

4. 哪種情緒是你最壓抑或感覺不到的，即使它在某些情況下會讓你獲得力量或能夠表達自我？那種情緒是你最會隱藏起來的？當你回到豪宅的一樓時，能否感覺到情緒容易儲存在體內的哪些位置呢？

5. 你是否覺得過去某些經歷一直停留在內心裡，你也飽受PTSD之苦？（下一章會有更進一步的介紹，你只需在此回答「是」或「否」即可。）

6. 你是否能冷靜地直視（面對）自己的情緒，接受它們並予以引導，讓情緒能找到自己的位置並執行該做的工作？

現在你應該已經開始熟悉在四層樓豪宅之間上下遊走的技能了。面對情緒能保持坦誠、舒適和安全的技巧就是，即使處於情緒風暴之中，也能保持頭腦清醒，保有覺察力，並且能夠從三樓觀察自己並注意到「天啊，我很生氣！」「哇，悲傷的浪潮席捲了我。」同時勇於與親近的家人朋友討論。

SPECIAL
特別企劃
SECTION

Chapter

– 5 –

我們
都需要療癒
的創傷

The Trauma
We All Need to Heal

我們不時會「跳脫」一般的章節順序，透過「特別企劃」單元練習將目前所學的知識應用到實際生活中。第一個要拿出來討論的是對人類的幸福、和平與合作中最有害的元素之一，也就是「跨世代創傷」所造成的驚人損害。越來越多的有力證據顯示，幾乎二十一世紀的每個人都受到上一個世紀的傷害，那麼，我們該如何給予自己診斷和治療呢？

你可以跳過這些特別企劃，但是我建議你不要這麼做。你可以在這裡利用目前所學，讓生命走向不同以往、更加美好的康莊大道。

不知道你有沒有從事護理工作的朋友或家人？他們是非常獨特的一個群體。我太太家裡出了五位護理師，我自己的社交圈裡也有好幾位。每當他們說起自己緊湊且生死攸關的工作日常時，我這個心理治療師都只有乖乖聆聽的分。很久以前的某個深夜，幾位非常資深的大姐告訴我一件令人汗毛直豎的事——護理師可以看見周遭人身上的疾病，只要走在街上或超市，他們會發現自己一不小心就開始對路人做起診斷。要是很難停止這種職業病，就代表他們可能需要好好休個假了。

心理治療師看世界的角度也很不同。我們受過訓練，能察覺他人是否處於掙扎狀態中，我們會去觀察面部表情、呼吸方式以及身體姿勢所傳達出的細微訊息。我們的工作也包含傾聽連患者最好的朋友都不知道的私密事件。因此，心理治療師知道一個大部分人都不知道的祕密，那就是許多表面看起來過得很好的人，實際上並非如此。

這一章會提供一些令人震驚的事證，並了解到這些跨世代或個人未解決的創傷竟然是如此普遍，影響到幾乎每個人的生活。令人比較安心的是，如果你覺得人生好難，我老爸曾說過一句話：「你不是《魯濱遜漂流記》裡的魯濱遜啊！」（意思是「你並不孤單」。）基本上，這就是導致當今世界產生心理健康危機的原因。然而，知道問題的嚴重性至少意味著，我們現在就可以開始為此做些改變，並將本書再三提及的信念付諸實踐，也就是「創傷是可以被治癒的」。

我們同在一艘船上

一九六〇年代，諮商界出現了兩次重大的躍進——首先是團體療法的出現，眾人一起解決問題，而不是讓大家分開各自解決。與此密切相關的就是「自助團體」

的興起，最著名的可能是匿名戒酒會，當然還有其他無數的自助團體，從乳癌病友會到單親爸爸互助會等，不一而足。

這兩項突破從根本上改變了我們的世界。從過去那種將所有「家醜」都隱藏起來的舊文化，轉變成願意將一切都攤在陽光下討論、療癒的新文化。當團體成員逐漸打開心扉，彼此變得非常親近，而且意識到「我們所有人都有各自的難處，這沒什麼大不了」時，就是治療小組最大的喜悅。療癒也因此開始，有時療癒速度之快，連較老舊的心理學方法都會覺得慚愧——患者不僅不必依賴藥物，他們也能意識到問題是來自外在世界，而不在自己的腦袋裡面。他們會感受到健康的怒氣，而不是嚴重的自卑感。

在接下來的數十年中，這股「敞開心扉分享」的文化將我們的勇氣和自尊引領到不同的高度，世人開始了解到，讓一個人真正閃耀的理由不再是多成功或多完美，而是即使遭遇許多障礙和傷痛，依然願意勇敢地敞開心扉、持續成長。毋庸置疑的，親愛的讀者們，你們也正走在這條勇敢的道路上。

這是一條漫漫長路，看看這些基本的事實就能略知一二：高達百分之四十的觸礁婚姻、棘手的家庭暴力問題、疫情籠罩下焦慮感激升的年輕人、持續成長的自殺率（就連富有又成功的人也無可倖免），這在在告訴我們，我們內心都有著失落的一角。如果說只有五十分之一的人患有心理疾病，我們似乎可以怪罪到大腦或荷爾蒙分泌不平衡上面，但是，當這個比例來到五分之一或更高時，就不能繼續當縮頭烏龜了。問題很明顯不是出自於大腦或身體，而是全體人類的生活方式。

我會展示令人信服的證據，證明生長在工業社會或後工業社會的每個人幾乎都擁有創傷。首先我會運用「童年逆境經歷」量表，這能量化有害事件對童年造成的創傷。再來，即使是處在現代正常的生活條件下，這些生活方式也與我們的感官、神經系統、身體和大腦的原始設計相互違背。這些都是研究上的重要發現，也正在治療界形成強而有力的共識。

提出以上這些實證，並不是要爭論更早的幾世紀前是比較美好的時光，也不是要否定工業社會以降在人類福祉上取得的許多重大進步。我想要談論的是，上個世紀出現的世界大戰、經濟衰退、難民潮，以及社會變遷對家庭、社群和人與自然的關係的衝擊等，這些積累的創傷都遺留在我們大多數人身上，然而當前的生活方式正促使情況惡化。這一章將會幫助你釐清自己身上可能擁有的創傷，以及該如何處理。

童年的負面經歷

醫藥界的重大突破經常是出於意外，一九九〇年代美國有個名叫凱薩醫療的健康保險公司，創建了一個全國性的減重診所，以便服務他們大量的中產階級會員。

儘管一開始成功招募了很多會員，但該公司很沮喪地發現有將近一半的會員選擇中途退出。凱薩公司決定進行調查，並開始了一項研究，他們請那些退出的會員填寫一份全面且深入的匿名問卷。調查結果令人震驚，這些退出的人有個共同特徵：童年遭受性虐待的比例很高。這就出現了兩個問題：如此可怕的童年遭遇與極為不健康的體重增加，兩者之間真有關聯嗎？而另一個更嚴重的問題是：兒童性虐待在社會中真的是如此普遍、不為人知，而且不可說的現象嗎？

很巧的是，我自己在一九九〇年代也得出相同的結論。那個時候，我專門為心理治療師進行為期六個月的密集培訓，我震驚地發現，約有三分之一的學員曾經遭受過性虐待，另外三分之一的人受過其他創傷，像是兄弟姐妹死亡、遭受家暴、家族成員有成癮問題、經歷悲慘意外等等。這個發現形塑出一個我至今仍把持的信念，也就是最好的治療師已經出現在這些受訓心理治療師的生命裡，他們可以切身理解這些創傷，並據此來幫助其他人。

凱薩醫療的首席研究員費立提（Vincent Felitti）認為這個問題必須受到重視，因此向美國的疾病預防控制中心尋求協助——該中心負責管理美國的流行病和大規模的健康問題。他們隨機挑選一萬七千名凱薩健康保險的被保險人，這些人的財務狀況良好，有百分之七十五是白人，平均年齡為五十七歲，大多數都大學畢業，而且有份很好的工作。

這一萬七千人也都填寫了那份匿名問卷，而調查結果與他們的健康狀況有著高度相關。這是讓我們得以深入了解周遭人們的難得窗口，研究人員發現的結果創造了新的醫學歷史，也從此永遠改變了我們看待當代生活的方式。這些問題如下：

（大多數讀者會自己回答這些問題，這很有幫助。然而請注意，過去的某些記憶會在回答過程中變得清晰，若你開始感到不適，請放慢腳步或休息一下。如果你持續感到不適，請保持冷靜，且務必尋求專業幫助。）

童年逆境經歷量表

在你十八歲前……

1. 父母親或其他家中成員經常罵你、侮辱你、羞辱你，或令你失望？或是他們的表現常讓你害怕自己會受到肢體上的傷害？是／否
2. 父母或其他同住的成人，經常推你、抓你、賞你巴掌，或拿東西砸你？或是他們曾經打你打到留下疤痕或受傷？是／否
3. 是否曾經有年長你至少五歲以上的人或成年人碰觸你、愛撫你，或要你以性行為的方式碰觸他們的身體？或是有人曾經試圖或實際上與你發生口交、肛交或性交的行為？是／否
4. 你是否經常感到家中沒人愛你，或沒人認為你是重要的或獨特的？或是你的家人不會互相照顧，彼此不親近，也沒有相互支持？是／否
5. 你是否經常感到自己沒有足夠的食物，不得不穿髒衣服，並且沒有人保護你？或是你的父母喝太醉或嗑藥太high而無法照顧你，或是在你需要時帶你去看醫生？是／否

6. 你的親生父母是否曾因離婚拋下你，或因其他原因遺棄你？是／否

7. 你的母親（或繼母）經常被推、抓、賞巴掌或被東西砸？她是否有時或經常被踢、咬、毆打（不管是拳頭或其他東西）？或是她曾被重複毆打至少持續數分鐘，或是被刀槍威脅？是／否

8. 你是否曾跟有酗酒問題或毒癮問題的人同住？是／否

9. 家人是否患有憂鬱或精神疾病，或曾經試圖自殺？是／否

10. 家庭成員有人坐過牢？是／否

回答是的總數即是你的分數。

簡而言之，這個量表含括十個要素：情感虐待、身體虐待、性虐待、情感或身體上的忽視、父母離婚或失親、家暴、父母酗酒或成癮、精神疾病、牢獄之災。這十個要素只占了會讓兒童成長階段出差錯的一小部分，還沒提到貧窮、戰爭、種族主義、缺乏教育機會、無良好庇護或疾病等等。「童年逆境經歷量表」的項目可以概括為影響一個家庭最大的因素，同時也是孩子們感受最強烈的事件。

創傷有多普遍

令研究人員驚訝的是，創傷竟然是如此普遍。費立提的團隊發現，百分之六十七的樣本至少在「童年逆境經歷量表」中獲得一分，而百分之四十的樣本至少得到兩分，超過百分之十二獲得四分甚至更高的分數。

請記住，這一群受測人員可是手頭寬裕的人。（一般來說，美國只有富裕人士才買得起健康保險，而澳洲和英國的健保則是基本人權。）對於低收入戶且生活水準低於貧困線的少數族裔（至少占了四分之一的美國人或英國人），他們要是接受相同的測驗，所得到的分數可能會更慘烈。疾病控制中心隨後進行了更多研究，發現在一般人口中，不論收入高低，每六人就有一人的「童年逆境經歷量表」得到超過四分。再重讀一遍清單，你會意識到，這創傷的數量真的多到令人咋舌。

還不僅如此，研究人員現在依然持續在尋找答案。當他們交叉比對參與者的健康紀錄時，他們發現「童年逆境經歷量表」的分數與糟糕的健康狀況有著關聯性，而且，**童年的逆境經歷通常是造成健康亮紅燈的原因**。

那些量表上得四分或以上的人，患有心臟病和癌症的機率是一般人的兩倍，而患肺病的機率則是四倍，因此可知，童年的創傷會讓人的身體不健康。在某些情況下，正是這種不良的童年經歷導致當事人養成不良的生活習慣，例如：抽煙、喝酒、營養不均等等，進而影響了身體健康。有時這些可怕的童年經歷還會促使身體、免疫系統和大腦發生生理病變，不僅讓人生病之外，還會縮短至少幾十年的壽命。

最近幾年，娜丁・伯克・哈里斯（Nadine Burke Harris）博士等醫療保健專家們呼籲，對所有成年人和兒童進行「童年逆境經歷量表」調查，並依此設計相應的治療和健康計畫。伯克・哈里斯和其他研究人員發現的結果顯示，最原初的危險因素（童年的性虐待）造成孩童壓力過大，進而改變了他們的新陳代謝，因此成年後的不正常進食、體重增加、糖尿病問題等，極有可能是童年遭受性虐待所產生的後遺症。這也為成因已經很複雜的肥胖症狀增添了一個新的因子——壓力導致身體以不同的方式儲存脂肪。

他們還發現另一個更令人沮喪的事實：童年的逆境經歷也造成了表觀遺傳學（或稱成長分析學）的改變，也就是它改變了我們DNA的呈列方式，這些創傷很可能會遺傳給後代的子孫。許多所謂的神祕疾病，例如慢性疲勞、纖維肌痛症、某些自身免疫性疾病等，都可能是表觀遺傳的改變所造成。伯克·哈里斯相信，除非能夠使兒童的成長環境更安全、確保家庭功能更健全，否則我們無法解決或消除這個影響數百萬人的嚴峻狀態。

然而，希望還是存在的。根據我和幾乎所有治療師的共同經驗，**「童年逆境經歷量表」得分高的人，還是可以過著幸福、健康的生活**。這個量表畢竟沒有涵蓋童年生活中的正向因素，研究人員也很清楚，在經歷創傷時或創傷後，若是能夠即時為兒童提供協助，是可以減輕傷害的。

對於成千上萬的孩子們來說，一位富有愛心的祖父母、一位富有理解力的老師、一個堅定而善解人意的朋友，都可以幫助他們緩解童年所經歷的創傷。雙親中的其中一位可能對孩子造成了很大的傷害，但是另一位卻是能夠反轉一切的推手。甚至即使在逆境發生多年後，我們仍可以為更多的兒童和年輕人提供所謂的「創傷知情治療」（trauma-informed treatment），幫助他們度過難關。**創傷永遠都不要發生當然是最好的，但是不需要把創傷視為人生的無期徒刑，好像這輩子就沒救了**。我們身心的原始設計是可以受到治癒的，只要知道如何啟動這些力量，任何人都可以做到。

這麼多的創傷從何而來？

「童年逆境經歷量表」驚人的得分數，無疑要求我們討論一個非常大的問題：我們的社會到底出了什麼問題？怎麼有這麼多受傷和具有破壞性的家庭呢？

在回答這些問題之前，我們必須記住二十世紀是人類的一場夢魘，尤其是上半葉。如今我們還會在東亞看到這些狀況：童工晚上在工廠桌子下面睡覺、環境惡劣的貧民窟中有許多人死於可預防的疾病，這些我們西方人也經歷過，只是發生在上個世紀罷了。

查閱你的家族歷史之後，可能會發現自己與上世紀的這些夢魘脫不了關係。就在撰寫本章的過程中，我巧遇一位老友，他是善良且備受尊敬的牧師。他一九三五年出生於倫敦，在八歲前，他和母親就曾因遭遇空襲轟炸而無家可歸三次。他的父親離家從軍五年之後返家，從此變得幾乎情緒無能。

幾年前我生病時，為我進行手術的外科醫生是越南難民，他在五歲時經歷了一趟噩夢般的長途逃亡之旅；我們的家庭牙醫是在青少年時期逃離了動亂的捷克。我一位溫暖又慈愛的鄰居，他不是澳洲本地人，年輕時因為政府和戰爭因素，曾絕望地在澳洲某個沙漠集中營度過六年，健康也因此受到永久性的嚴重損害。

你自己可能會認識一些從伊拉克、北愛爾蘭、福克蘭群島、阿富汗、科索沃或東帝汶等地的戰亂衝突中，存活下來的人。這麼看起來，似乎沒人擁有單純的家庭背景。受過創傷的人（幾乎是我們所有人）可能無法扮演好父母或養育者的角色。他們不堪心理重負，可能變得暴力、退縮、性好虐待、濫用藥物或有自殺傾向。如果沒有外力加以介入，那麼傷害只會不斷地循環，這也就是我們必須要插手的原因。

由於這些創傷非常普遍，我們必須調整自己看待人類同胞的方式，甚至是看待我們自己的方式。我們誤以為大多數人在多數時候都過著相當普通的生活，因此認為PTSD只會發生在退伍軍人、救難人員或事故倖存者身上。然而「童年逆境經歷量表」的研究結果卻指出，幾乎每二位孩子（或成人）中，就有一位的心理狀態跟PTSD是很接近的。

一般正常的生活也會造成創傷嗎？

我的同事兼朋友大衛．喬克爾森的職業道路很有趣。他是一名社區律師，畢生專攻兒童保護相關的案件，也曾經擔任過心理治療師十五年的時間。他在英國發起了一項提升法律從業人員心理健康的活動。

大衛以創傷和一般正常生活為主題，進行了很多的思考與寫作。他最引人入勝的想法之一是，**創傷不僅會導致嚴重的焦慮，還可能阻止我們的發展**。創傷會使我們的心理發展凍結在事件發生的年齡，「心理成熟」在一定程度上是需要信任、學習和身心平靜才能好好進行。因此，我們會看到當今許多成年人仍處於情緒凍結的狀態，可能是處於嬰兒期或青春期。如果這種情況太過普遍，整個社會文化就有可能會扭曲，大家都偏向喜愛某些不成熟的事物。

大衛如此相信著，我也傾向於同意他的說法，當今的社會文化確實有點孩子氣。這股孩子氣彰顯在關心他人的能力或興趣降低，反而對自身形象、地位或自身的滿足感過於痴迷，又或者是不願意建立、承諾一段關係等。這與創傷有關，也是理解當今社會現象的新關鍵。但是，這種有點孩子氣的社會現象是哪一種創傷所造成的呢？

大衛和許多其他研究人員、意見領袖最近常被問到的問題是：「如果今天我們習以為常的生活狀態，與人類原本適合的生活相去甚遠，那麼我們的大腦是不是一直都在遭到傷害？」例如以下這些生活事件：

● 幼童待在日間托育機構的時間越來越長。

- 學校生活的壓力與日俱增，年幼的孩子也得經歷激烈的考試和競爭。
- 居住空間一直曝露在無情的大眾媒體的影響下。
- 父母工時長，家人之間無法抽出時間相互照應。
- 居住在幾乎無法接觸大自然的城市環境裡。
- 生活壓力很大，導致人際關係崩潰，家庭破裂幾乎已成常態。

「童年逆境經歷量表」顯示出廣泛危害一般人的原因，但量表中的十個項目並非僅有的創傷種類。除此之外，有些兒童和成年人對刺激因子更加敏感，他們覺得現代生活對他們的感覺和應對能力來說是一種攻擊。

英國教育家金・約翰・培恩撰寫過一本《簡單父母經》，此書引領了一個新的風潮，那就是大幅簡化兒童和父母親生活中的繁忙度和種種雜亂無章的活動。他相信，當今兒童所患有的「現代病」（例如注意力缺陷失調等），剛開始只是小怪癖或一點特殊傾向，然而孩子所承受的壓力，讓這些狀況加劇，最終演變成嚴重的病症。

也許城市生活真的在損害人類那偏好柔和、緩慢以及滋養環境的神經系統。我們人類的原始設計是要與大自然相處、適應日夜交替的節奏、與動物相伴、被植物環繞並在戶外工作、更全面地運用我們的身體、能與孤獨共處也有時間做夢。以上這些對人類的身心健康，對大腦的正常發育，以及建立平和感的能力至關重要。

沒這些能力的孩子會怎麼樣呢？如果這個「異常的生活方式」的理論是正確的，我們會找到不少蛛絲馬跡。像是當今每五位女孩和年輕女性中，就有一位患有臨床焦慮症，或是年輕人的自殺率不斷上升，抑或是每四位員工就有一位患有精神健康問題。我們生活中的一切，都能看到因為異常生活方式所引發的後果。

獲得自由

針對這個狀況，我們第一件要做的就是好好照料傷口，就像森林中受了傷的鹿一樣，需要待在陰暗的地方休息、舔傷口，以助傷口癒合。如果你（或你所愛的人）有量表中提及的創傷，**你必須先予以承認：「是的，這件事傷害了我。」能這麼做是療癒的第一步**。不管是「我曾遭受性虐待」、「媽媽老是喝得酩酊大醉」或者「我爸常毆打我媽」，大家經常選擇忽視事實，認為那些可怕的事都發生在過去，所以現在一切都沒事了。這麼想未必是壞事，但是你如果覺得承認這些有困難，那麼你與過去事件的連結可能很值得深度探索一番。你的內在或許還住著一個受傷的小孩，需要加以照顧。

我們前面提到簡德林所提出的「聚焦」這個方法特別有用。每當你遇到困難，進而開始聆聽自己的身體信號（超感知）時，這些身體信號將帶領你走上療癒之路。需要流出的淚水、需要放下的恐懼或不屬於當下的暴怒，都必須找到一個安全的方法釋放。

你的身體一直以來都在向你傳遞以上這些資訊。我有個好朋友，小時候常被父親揍，她因此發誓永遠不會打自己的小孩，也不允許其他人對她的孩子動手，她也成功地做到了。然而，就在某個特別糟糕的日子，孩子那天好像特別調皮，她自己那時也承受著極大的壓力，身體狀況不太好，突然間她感到身體產生一股衝動，想要把手高高舉起並痛打孩子一頓。幸虧她的自覺性很高，馬上感受到了那股衝動，覺察了它，也放下了它。她知道那股衝動是什麼，也知道它打從哪來。這股衝動偶爾還是會出現，但她每次都成功放下，也讓自己變得越來越安全。

一個人的創傷後症候群很嚴重時，往往都是因為他們無法接觸到四個樓層（我們大多數人都是如此）。與身體失去連結是最常見的情況，我們因此卡在三樓，擁有重複且強迫性的思考模式。或是只能感受到部分來自二樓的情緒，例如只感到恐懼而沒有憤怒，或者只感到憤怒而沒有悲傷。想當然耳，由於無法在靈性上與他人、大自然連結，我們無可避免地感到孤立，無論外界情況如何都無法感到安全、平和。但只要將所有的心智樓層準備好，就能規律地消化和處理心裡那些依然很戲劇化、激烈的創傷，讓創傷不會繼續累積。

因此，請學會使用這四個樓層來度過生命中糟糕的時刻。好好覺察你的身體，聽懂它在跟你說什麼；覺察你的情緒，讓你的身體扎根，才能安定下來並解決問題，或者激發你做出改變。好好思考，有必要時把它寫下來，如果有困難，也可以試著和有愛心、耐心的人交談，以釐清思路。永遠記得要上到四樓的頂樓花園，提醒自己宇宙愛你，你有歸屬，你很好。即使只是坐在公園裡或在戶外散步，都能幫助大腦做到這點。

解讀資訊

每個人在孩提時代所接收到的資訊與經歷都是獨特的，應對的方式也不盡相同。心理治療的目標就是徵召你的超感知，協助你再次接觸那些資訊與經歷，如果那些資訊與經歷對你已不再有益，則會運用「神經可塑性」重寫你的反應。人類的身心是為了能承受創傷所設計的，畢竟史前老祖宗的生活艱苦，所以我們有了得以從中成長茁壯的配備。但是，除非能在此配備運轉正常的情況下長大（但很少人如此），否則我們就會陷入困境。治療的重點應該一直放在恢復這些配備的功能上，然後讓患者自我療癒。

一九八〇年，我拿到邱吉爾獎學金，與當時世界上最受尊敬的心理治療老師一起接受培訓。當時，羅伯特和瑪麗・古丁夫婦發現了一種最有效，而且能夠帶來迅速變化的治療方法。他們結合了認知法和重新學習情緒的完形療法，創造出一種並非只仰賴對談，而是行動與互動並行的療法。古丁夫婦從患者當前生活上遇到的困難事例開始，再從中挖掘出早年生活所接收到且不斷地在意識層次下重複播放的資訊，通常這些資訊讓我們很難幸福快樂地活著。[4]古丁夫婦培訓了成千上萬的治療師進行所謂的「再決定治療」，也就是配合我們的成熟和自我理解，輕柔地喚醒童年的舊記憶，從而釋放童年的痛苦。這可說是一種不需要打開頭殼的腦部手術。古丁夫婦認為，對孩子造成影響的並非在童年時期家長說了什麼。實際上，大多數父母所說的話語看起來都還好，像是「我當然愛你」、「我們都是為你好」等。**問題主要出在背後的「非語言資訊」，那個住在父母親體內的內在小孩，正透過肢體語言或行為無聲地向我們尖叫。**我們的超感知察覺到了，並告訴我們實情，自然而然那些非語言資訊就往我們心裡去了。

親愛的讀者，如果你家中剛好有孩子或青少年，可能會擔心自己無意中傳遞了傷人的想法給孩子。以下這個觀點很重要：首先，你所接收到的負面有毒害的資訊量，遠比你孩子從你這裡接收到的要強，且多更多，這是毋庸置疑的。然而你撐過來了，不僅成功長大成人，而且正在閱讀本書，還有進入了一段伴侶關係並擁有父母的身分，你的孩子最起碼也可以像你做得一樣好。英國著名的兒科醫生和心理分析師溫尼科特（D.W. Winnicott）創造了「夠好的教養」這個詞，敦促我們放鬆下來，因為這才是孩子所需要的——在成長過程中被愛、餵養和感到安全，孩子們會自己找到出路的。**「追求完美」在教養中是個非常糟糕的目標，只會使家長過度緊張。**孩子想要的是可以一起歡笑和放鬆的爸爸媽媽，跟他們一樣也是個凡人，一樣會犯錯，而且就算這樣也沒關係。

---

4. 作者註：這種治療形式是奠基於人際溝通分析（transactional analysis，簡稱ＴＡ）的概念。ＴＡ是當今認知行為療法的先驅，實際上還遠勝認知行為療法。ＴＡ的基礎是去除父母在教養過程中所植入的「影音程式檔」，讓當事人明瞭這些留存在潛意識的影音檔如何影響了自己的思維，以及如何影響與他人關係中的連結，也就是「交流」。但是，古丁夫婦添加了以動作為基礎的完形治療法，你可以說這是正念療法的先驅，但是完形治療法更為有活力且更強烈，旨在長期存在的自我模仿和功能障礙模式之外，建立新的大腦連結。

身為父母，我們同時可以做的就是努力療癒自己。正如同你因為有了孩子，而會更謹慎地開車、多吃健康食品或少抽菸喝酒，你也可能決定尋求專業諮商或其他幫助，或者至少對自己誠實，承認自己在生活中的某些方面感到掙扎，需要多加關注。照顧好孩子之前，先把自己照顧好是根本之道。

古丁夫婦認為簡單實用是王道。他們將父母無意識傳送給孩子們的資訊，簡化成九到十個「禁制令」。他們認為，孩子為了在家中生存下來，會服從這些指令，因為這麼做是當下最明智的選擇。然而這些禁制令很快就變成自動執行，甚至變得難以識別，隨著我們長大成人，這些指令便在潛意識裡運作，阻止我們過上幸福快樂的生活。如果你覺得不太好懂，那麼下面的案例會讓你更容易理解。

十大禁制令

父母在教養過程中傳遞給孩子的指令以「不要」開頭，後面接的都是一項特定的人類基本需求：

不要思考：在父母成癮或擁有不得質問的重大祕密的家庭中，這是常見的禁制令。或者是，孩子的榜樣就只有不理智、容易慌張激動且不按部就班解決事情的父母。「不要有想法，我會告訴你該怎麼想」，這種命令常出現在以宗教為重的家庭。

當過去植入的這些禁制令出現時，你可能會發現自己處在壓力下時腦袋變得一片空白，或是以無益解決問題的方式瞎忙。你必須下定決心重新學習，把這些問題寫下來，並列舉出可能的解決方案等，或是尋求諮商師的協助，學習如何讓自己的行為合乎邏輯。

不要親近：這常出現在兒時曾受到性侵後的世代。例如，有位母親曾在幼年時期遭受性侵，她幼小的心靈可能會認為「所有的碰觸都是危險的」，因此長大後即使為人母，她也無法溫暖地擁抱自己的孩子。對此，解決辦法就是，當你擁抱他人或被擁抱時，請運用四層樓豪宅的概念讓自己放鬆，並一步一步讓那股肢體接觸時的驚慌感逐漸消逝。通常，這會需要治療師在旁協助，因為性虐待有許多的後遺症，需要強大的信任感才能克服。

不要感受：有可能父母會明確禁止四種主要情緒中的一種，也可能是全面性地禁止。很少人在成長過程中被允許好好體驗所有的情緒，這種狀態可能還持續好幾個世代。如果你在其他人感到沮喪時變得麻木或「過度理性」，就能知道自己曾經接收過這項禁制令。又或者，你的字典裡似乎就是缺少某種特定情緒，像是生氣或悲傷。利用你的超感知來覺察情緒，並逐漸讓它們在體內「有發揮的空間」，慢慢地你就會了解，大聲說話或流眼淚並不等於世界末日。事實上，感覺還挺不錯的呢！

不要突出：與爸媽單獨相處、因為創意或努力贏得讚賞，或是生日那天有人為你大肆慶祝，以上這些都透露出「你是獨特的」的訊息。透過這些活動，孩子可以學到自我價值，並感受到自己在宇宙中占有一席之地。然而對某些人（通常在大家庭裡）來說，要是有哪個孩子顯得突出會冒犯到其他人，因此傳遞給孩子的生存訊息變成「抹消自我對大家都好」。若你難以接受讚美，或難以接受自己成為目光焦點，你就知道自己曾接收過這項禁制令了。

不要屬於：你可能從小被告知「我們家跟別人不一樣」，不論這指的是比較優秀或低劣。或者是，你確實與眾不同，也很難感受到自己隸屬於某個團體那種美好的感覺，因此必須維持自己的與眾不同，無論這有多麼孤單、多麼令人受傷。我本身就接收過這樣的指令，對我這個亞斯伯格症患者來說有點雪上加霜。如果你老覺得自己像個局外人，可是會孤單寂寞到難以忍受的地步，因此能夠找到你的同伴，並學著加入他們是很重要的。

不要長大：通常孩子能在父母的生命中扮演兩種角色：使父母團結在一起，或是消除父母對出外冒險的渴望。舉例來說，一位孤單甚至是有點自戀的母親，可能希望子女永遠成為她的朋友，成為她情感的慰藉，或者是她有個無法回應她期待的伴侶，因而轉向尋求孩子的陪伴。孩子直接被視為父母年老時的依靠也是很常見的情況，家庭中的其他成員不必擔任這個角色，但是父母往往在最喜愛的小孩身上投入更多資源，因此一旦時間到了，就會要求這個孩子回報自己。

我一位患者曾到某任女友家中拜訪，女友母親從頭到尾都坐在他們身邊，聊天過程中對他的看法無不加以挑剔。他告訴我，即使當時還只是個傻傻的青少年，也很難忽視女友母親如此明顯的掌控慾。據說這位女兒到現在依舊單身，而且把自己的一生都奉獻給了母親。

不要像個孩子：孩子承擔太多責任變得像個小大人，是另一種非常普遍的家庭角色。這可能肇因於父母酗酒、藥物成癮或有心理健康問題，因此他們沒時間好好當個孩子，需要快快長大。無論有意無意，照顧大人的擔子通常會落在家中較年長的孩子或是女兒身上。一旦照顧者的角色有人擔下，其他孩子就有機會不被跟著拖下水，但如果父母失能嚴重，孩子可能得聯手照顧父母。如果你發現自己沒辦法玩鬧耍笨，就表示曾接收過這個指令。你整天都在工作，不會做些好玩的事。在我們的小組治療中，會請你練習「懶惰」、接受其他人的善意，甚至在休息時間玩玩飛盤，養狗也很有幫助。

不要成功：成功實際上是種感覺，而不是真的有個標準存在，許多人在童年時期都經歷過「永遠不夠好」的問題。問一個已經拿了九十八分的孩子，為什麼被扣兩分是很愚蠢的。為了克服這種「永遠不夠好」的情結，能意識到這是個選擇很重要。你已經成功了，你需要覺察這一點，並學會沉浸在這股成功感當中。愛你的人可經由指出「你已經成功了」的地方來幫助你。另一個方法是，觀想當年給出這個禁制令的父母，並告訴他們滾開，似乎也是很有幫助的。

不要做自己：這通常與你的性別有關，例如家裡想要個兒子，但生了女兒，或是反過來情況也一樣。開始表露出非傳統異性戀傾向的孩子，也容易接收到這項禁制令。當然，更常見的情況或許是這個家庭想要「會念書」的特質，但是孩子可能比較擅長藝術或運動；抑或是大人將其他無意識的執著加諸到孩子身上。最直接的影響是孩子覺得不能好好做自己，這是非常可怕的。改善方法跟前一項差不多，請你在現實生活中或在想像中，冷靜且堅定地告訴父母親：「我就是我，我會成為我自己。你們想要我變成其他樣子不是我的問題。」然後找個有愛心且喜歡你原本面貌的人，代替父母肯定真正的你。

不要健康：在所有的指令中，這一項會在我們的幼兒時期不斷被強化，任何讓我們得到關注的言行都會加強。孩子必須經由被注意、照顧、稱讚和擁抱而得到肢體上的撫觸，否則是無法成長茁壯的。由於連結和肯定對孩子是如此重要，所以我們會竭盡全力地獲得「關注」，就算那個關注是負面的也一樣。有些家庭只會在孩子生病時給予關懷，平時則不知該如何表示關心或顯露情感。孩子可能會在不知不覺中，認定自己唯有生病才能獲得他人的一絲關愛。當然我不是說所有健康問題都是當事人故意選擇的，但是過度操勞、故意冒險或其他會生病受傷的習慣行為，可能是從小養成的。

請一定要記住，這些禁制令通常都不是用說的，或是刻意傳達的，大部分反而是從父母的苦痛和深沉情緒中，以非語言的方式傳遞出來，這也是這些程式指令會如此強大，以及為什麼我們要格外小心處理的原因。通常父母並不是故意將這些約束施加到他們所愛的孩子身上。

了解禁制令能幫助你將童年時期的創傷，與現在正影響你的特定行為連結起來，例如：

「我爸喝醉之後會變得很暴力，而我的適應方法就是僵住，並讓頭腦變得一片空白（不要思考）。那時的我很聰明知道這麼做，但是現在面對自己孩子調皮搗蛋時，這麼做對我沒有幫助。」

「媽媽在我九歲時去世了，爸爸因此一蹶不振，我必須負責照顧弟弟妹妹和爸爸（不要像個孩子）。我是個勇敢的孩子，但是我現在需要學會放鬆。」

弄清楚自己曾經接收到的指令為何，你就會明白現在的生活模式從何而來，不僅如此，還會知道問題出在哪，哪個傷口需要好好「舔舐」才能癒合。理解是個開始，能在當下探索你過去曾經接收到的禁制令的這個意識，才能進行身心整合。好的治療師可以幫助你更快速地完成這過程，但光是運用自己的四層樓豪宅，你就越來越能夠回到當下並感到自由。你開始注意到自己什麼時候會覺得像個孩子，透過陪伴身體的感受，並仔細聆聽自己的超感知，這些滯留在過去的情緒感受會逐漸消散。在療癒的階段，你會覺察到過去的感受依然在你體內留存，但與此同時，你也會明白那是過去式，現在已經不一樣了。很快地，過去的種種逐漸不成問題，你會覺得自己變得更強大也更平和。

找出自己接收到的禁制令

想在沒有治療師幫助的情況下成長，那麼第一步就是要查看你目前所遇到的困難，找出是哪種禁制令影響了你。當你重複遇到相同類型的問題時，就表示陷入了過去接收到的「無意識」指令中，像是一再選擇類型相同的有害伴侶、以相同的方式一再失業，或是永遠沒有歸屬感、永遠覺得自己不值得等等。這些相似的糟糕事件頻繁發生，背後一定有個課題需要處理。

因此，請問問自己：「童年出現什麼情況，讓我在當時產生了這種削足適履的適應行為？」療癒始於先感謝那個時期的自己，能夠聰明地找到這樣的生存策略，然後，現在的你決定是時候改變生活方式了，因為自己已經不再是個孩子，也不再需要依靠那個瘋狂的家庭。

童年時期的選擇，具有一種特徵性的模式，它們就像是一堵用保鮮膜做的牆，阻止我們像其他人一樣過完滿的生活。我們看不到這座牆，卻又不斷地被這座隱形牆反彈回來。

閱讀前面的十大禁制令列表時，大多數人應該會發現有一兩個指令像霓虹燈般閃閃發亮，能夠正視它就是消除此連結的第一步。我們大多數人至少會中兩到三個指令，通常只要能覺察到某個指令的存在，它其實就已經開始消融。一旦完成，其他更深層的事物可能會開始浮出水面，不過經歷以上的每一個步驟，都會讓你活得更自由、更快樂。

戰爭、種族滅絕、飢荒或流行病在歷史上都不是什麼新鮮事，但是二十世紀囊括了以上所有重大事件，還波及全球，可說是一波未平一波又起。我能看見祖父在戰壕中的戰鬥、父親的掙扎、母親的焦慮等，在我們身上依然餘波盪漾。這不是任何人的錯，你我的父母很可能已經盡了他們的全力在教導和養育我們。

只要你還活著，你的心智就能透過夢境、思考，以及浮現出來、準備好被解決的回憶，繼續行走在療癒之路上。利用你的超感知讓它們穿越你，不要麻痺自己或阻止它們出現，而是放慢腳步，全神貫注地與其相處，同時牢牢地扎根當下，你會變得更加完整、更加平和。

這個世界充滿受傷的父母和家庭，我們有些人可能就是在這樣的環境長大的，當時為了生存只能盡力適應一切。但是，指出並釋放這些自我限制，可防止它們成為永久性的傷害，也就是我們不需要再將這些自我限制帶給自己的孩子、伴侶或朋友。光是這個原因，就很值得讓自己變得越來越好。

在你回家的這段旅途中，我想給你滿滿的愛和祝福，我們同在這趟旅程上。

Chapter

— 6 —

三樓

用大腦想清楚

The Third Floor
Using Your Brain to
'Think Straight'

精確來說，心智豪宅的第三層是我們的「前額葉皮質」，是人類進行思考的地方。你可能覺得自己已經很熟悉這層樓了，但它可是還有很多你所不知道的祕密，不僅有危險之處需要小心注意，更有你從未見過的新房間——窗外的景色盡收眼底，還附帶可愛的家具。

思考腦非常神奇，多虧有它們，我們創建了醫院、發明了太空船，以及可以和地球另一端朋友交談的小設備。擁有這些力量，你會認為我們應該能夠建造一個幸福、平衡而且永續長存的世界，但為什麼我們還是一團亂呢？也許我們並沒有自以為的那麼善用頭腦吧。在這一章中，我們會幫助頭腦好好跟你的其他部分同心協力，這樣思考腦才能依照原始設計來運作。在此之前，我先說個故事給你聽。

著名的蘇格蘭登山家兼作家安德魯．格雷格（Andrew Greig），青少年時期和成年初期都飽受抑鬱及自我懷疑的煎熬。但是，他發現了能夠挽救自己生命的事物，那就是大自然和戶外運動，似乎有助於他找到內心的平靜。就像多數年輕人一樣，他同時也在探索親密關係和夥伴關係，發現兩者都很難駕馭……

我的舊情人出走探險好長一段時間，在找不到她想要的東西後，隻身回來了。我們曾經聊過一次，當時兩人一塊坐在水庫上方長長的草叢裡。當她說完關於另一個男人的故事以及旅途行經的地方，她看著我：「這過程是個完整的圓。」

我明白她想說什麼。我呼吸著高沼地丘陵上稀薄的空氣，感受著腳下堅實的土地，以及上方開闊的天空。

我說：「我愛你。」某部分的我等待著，也震驚著。「但是，我不會再回到你身邊了。」

我說的是實話。她望著山丘和波瀾起伏的水，風吹動了她那曝曬過度的髮絲。她看了我一眼，並點了點頭。

「好。」她說：「你覺得我的心出了什麼問題呢？」

我們走回市區，分道揚鑣，從此未再相遇。如果那段談話發生在室內空間，我們可能會被我們的身體、孤獨，以及失去的一切所迷惑，但是處在山間、湖水中，我們說開了一切也做出了正確的選擇。

——《我在綠科里湖》（At the Loch of the Green Corrie）

再看一遍那個關鍵句：「我說的是實話。」很多時候，我們就是這樣找到真相的。我們努力將自己內心的想法化成文字，也只有當我們大聲說出來，才知道它們是真實的。同時也請注意女方的回應：「好。」她也明白那是實話。

這是位他曾經獻出真心的女人，但是她為了更遠大的冒險和另一個男人離開了他。如今她出現在這，他本能地知道該怎麼做——他讓自己扎根於大地山水中，也傾聽了內心在向他訴說什麼，然後精準地運用語言表達。他先富含同理心地說了「我愛你」，接著說出「但是，我不會再回到你身邊了」。

這是我所讀過寫得最清晰、最優美的實例之一，它涵蓋了身體、內心、大腦等各個層面，還運用了我們的超感知（這個來自身體內在的信號）找尋完整的答案並避免災難發生。

在生活中，我們常常不知該怎麼辦，可能會默默地依循各種規則或常見的行為準則，這總比什麼都不管要好得多。有時規則是正確的，像是不要與別人的配偶上床、不要酒後駕車、不要造成不必要的傷害。但是在某些情況下，怎麼做才是真正有道德，其實更為複雜。我們的內心深處存在著真相，它具有一種任何規則都無法明文描述的微妙之處。就像是格雷格清楚地寫到，他感受到「腳下堅實的土地，以及上方開闊的天空」。等待，真相終會浮現，真相會以話語浮現，而且這些話語會「很有道理」。

文字語言存在的樓層

我們豪宅的第三層樓，以演化的角度來說是最新的「添加物」，這就是為什麼它位於大腦最前端的原因，就像是房屋最新擴建的區域。動物可以思考，但只停留在氣味、影像、肌肉記憶等。有些鳥類能使用工具，甚至能製造工具（牠們會把木頭磨尖以挖出幼蟲），這表示有計畫的能力和一定程度的智力。但是「文字語言」的加入，將人類的大腦提升到了全新的水準上，它們不僅可以傳播，還可以流傳後世。文字語言可以在人與人之間建立一座理解的橋梁，也具有非凡的細微之處。當你在森林中發現瀑布時，日文有個特定的詞來形容：幽玄（yugen）；德文有個形容很享受看到自大的人發生不幸的詞語：幸災樂禍（schadenfreude）。我們會為以前沒有的東西或需求創造詞彙，就像法文中的「享受生活」（joie de vivre）。

語言最初是應用在實際的目的上，像是「長毛象來了！」「堅守陣地！」「快跑！」不久，我們的老祖宗愛上了語言，連在河邊漫步或晚上圍坐在營火旁時，都不斷地說話。古代世界有成千上萬種獨特的語言，可說是每個山谷都有不同的語言。由於大多數人都會與鄰近的群體互動，因此會說兩、三種不同語言是正常的。我們的大腦因此變得更大，以便應付詞彙的需求和隨之而來的喜悅。

我們用文字語言做兩件事，兩者都很重要。首先，我們使用它們來理解自己的生活，使我們的行為合理、合乎邏輯。其次，我們彼此交流內心世界和想法，這樣就可以合作並度過快樂的時光。

我們的思想不是獨立存在的，也不是枯燥無味或是可以從我們身上去除的東西。畢竟，「合理」（make sense）一詞並不是偶然產生，這個詞似乎暗示了我們的感官（sense）是種測試，只有透過直接經驗的證實，才能確認是否正確。我們都認識一些講話太過抽象兼之枯燥乏味的人，而原本應該用來滋養和幫助這個世界的社會科學，似乎特別容易落入這樣的範疇。當思想能夠觸及其根基——身體和內心時，才會是表現最耀眼的時候。這本書出自於我的第三層樓，並朝向你的第三層樓延伸而去，如果我所說的一切是合理的，這些言詞會語帶香氣，而且聽起來很真實，同時也會照亮你豪宅裡面的每一個樓層。

區分事實和謊言的能力

要是沒有語言，以及語言所帶來的清晰度和精確度，身為人類的我們幾乎無法正常運作。清晰、直接的對話在任何關係中都是必要的，除了愛之外，家長所能給予孩子最寶貴的技能，就是思考能力和誠實說話的能力。這也是諮商師和治療師幫助他們的客戶所要取得的能力。這跟文筆是否優美、是否舌燦蓮花都沒有關係，一些我認識最清醒、最真的人甚至連小學都沒讀完；重點是能否區分事實和謊言。男性研究權威羅勃・布萊（Robert Bly）建議每天寫日記，或寫一首詩來記錄生活。他這麼建議的原因有很多，但最好的原因是讓你對自己更誠實，因為「用文字記錄下來更容易發現謊言的存在」。

許多人幾乎沒在思考。在他們的衝動和行動之間，除了一些自我辯解的陳腔濫調，沒有任何其他可供緩衝的方法可用，因為從來就沒人教過他們怎麼做，他們的生活因此成了一場災難。紐西蘭監獄長西莉亞・拉什莉與她「觀護」的罪犯們交談時，發現他們在任何時候都難以好好思考，更別說是處在壓力之下。犯人入獄（有些刑期很長）經常是因為在短短三分鐘內做出了錯誤的決定，他們無法思考：「這麼做是個好主意嗎？會有什麼後果？」一旦沒了思考力，身處在一個充滿壓力又複雜的世界中，註定會完蛋。當我們給孩子說故事、與他們聊天、深入聆聽青少年的想法時，就是在滋養他們的思考力。

我們是如何學會思考的

小時候，我們都有情緒和感覺，生活在一個充滿擁抱、睡眠、飲食和娛樂的永恆美夢中。前一秒還在哈哈大笑，下一秒就淚眼婆娑；現在是燦爛的白天，接下來是好眠的黑夜——這些都是我們的當下！那時，我們住在豪宅的一樓和二樓，對生活非常滿意。但有時嬰幼兒也會感受到強烈的沮喪，好希望能夠讓大人理解！

假設你現在兩歲，在商店櫥窗看到一隻顏色鮮豔的泰迪熊，你好想要它，但是媽媽不答應，所以你痛苦地大哭大叫。這並不是試圖操縱或控制（跟某些二十世紀育兒專家的認知相反），而是貨真價實的苦惱。只是一、兩歲時，人還無法應付這樣的事實，也就是自己有這麼劇烈的渴望和需求，但是卻沒有人想關心。

如果幸運的話，媽媽明白這一點，她會抱起你，輕柔地在耳邊說：「我了解，你因為無法擁有泰迪熊而感到難過。沒關係，覺得難過沒關係。」你很生氣地說：「我要泰迪熊！」但是她絲毫不為所動：「無法得到自己想要的東西很讓人沮喪吧。」「來吧，我們一起在椅子上坐下來。」她擁抱著你，你凝視著她，思忖著自己該繼續要求還是停止。這些情緒感受是不可避免的，我們必須允許那股情緒持續流動，直到自然結束。於是，兩歲的你突然不太確定是否還想要泰迪熊，雖然還是感覺得到一些痛苦，但這股感受正在消散。媽媽的雙手很暖和，她的雙眼也理解地看著你。

你正在學習走出情緒的泥淖，並度過這些內在的風暴，於此同時你也在思考。這些衝動和強烈情緒有自己的名字：想要、受傷、快樂、小狗、小貓、奶奶。你還想要多吃點嗎？你會發現言語是掌握世界的方法，即使自己不是宇宙的中心，還是可以在世界上感受到幸福快樂，這都跟人與人的相處有關，也跟相互依賴有關。語言文字，以及觸摸和凝視這類更古老的語言，就是人類之間尋求互助合作的最佳媒介。

嬰幼兒如果幸運擁有願意陪他們聊天的父母，他們也會喋喋不休地回話，這是非常有意義的，因為其中最重要的是，人類喜歡與他人產生連結。不久之後，爸爸會開始用有趣的聲音說故事，或媽媽在睡前給你說床邊故事，一兩年後你就可以自己閱讀，然後會安然且真摯地進入自己豪宅的第三層樓。你可以用言語管理生活，言語也會你帶進人類的世界，無論是透過與貼心的朋友交談，或者是閱讀小說跟益智書籍。你正在經歷的過程，世界各地也都有人正在經歷。幾個世紀以來，每個願意認真用文字做紀錄的人，他們所留下的遺贈如今也成了你成長發展和關注的一部分。仔細想想，這實在是太棒了，而這就是語言和思考能辦到的事。

三種心智與生活狀態

最好的心理學往往不是最新穎的。智者和富有觀察力的人們，早已思索人類生命相關的議題好長一段時間了。以下「三種心智與生活狀態」的概念，已有三千多年的歷史，它是我接觸過最強大的自助工具之一，我也一直在使用它。如果你是個容易焦慮激動的人，以下這些會對你特別有幫助。

古代吠陀經文描述了三種心智，相信你很快就會覺察到它們。它們的梵語（古印度語）名稱是惰性（Tamasic）、變性（Rajasic）和悅性（Sattvic）。大略的翻譯是：

惰性意指**混亂**
變性意指**驅力**
悅性意指**和諧**

我很鼓勵你使用這些印度梵文的專有名詞，讓它們作為一種新的自我意識型態存放在你的心智頭腦中。因此，你可以說：「啊，我今早完全是處在惰性狀態。」

經由注意自己所處的狀態，自然而然地會有更多選擇從你的腦海浮現出來。然而，最好是選擇哪一個呢？讓我們一起進一步探索。

惰性是什麼

大家應該都認識某個生活亂糟糟的人，可能是朋友或家人，如果你家裡有青少年，搞不好就占掉一、兩個名額了。他們的房間或房子一團亂，生活雜亂無章，生活也充滿了慌張和混亂，並與冷漠、懶散交替發生。我們自己不時也會做出這樣的事，例如漫不經心地從冰箱直接拿東西吃、漫無目標地亂轉台，然後在沙發上睡著，夜半才醒來。這些可能是你的日常生活狀態，也可能是感到悲傷或憂慮時才有的突發狀況，這種狀況發生時，感覺就像陷入了泥淖中。有些讀者或許就是由這樣的父母撫養長大的，酒精或毒品可能在其中參了一腳，但是無論成癮的原因為何，與成癮者一起生活，甚至對成癮者本人而言，都猶如身處人間煉獄之中。

我們可能會對處在惰性狀態的人產生批判，但我的經驗是，**惰性狀態的產生通常來自於令人頗為驚訝的理由，那就是一個人感到非常焦慮的時候**。一個人看起來無動於衷或沒有動力，並不等於他是懶惰的人。懶惰在人類生活中很少是一種自然狀態，因為我們天生就是充滿創造力和行動力的物種，懶惰常常是因某種強烈的挫折或焦慮所引發的徵兆。有時懶惰可能是為了因應無法面對或處理的過量外在資訊，所產生的防禦性或保護性反應。拖延也是種惰性，因為害怕失敗，所以竭盡所能地避開真正該做的事。不用說，網路就是一個充滿惰性的地方，而且它分散大腦注意力的能力在地球上是所向披靡、無人能及的。因此，擺脫惰性狀態的方法幾乎都是先讓自己平靜下來，暫時不去做任何事情，並且深入探索焦慮的根源在哪。

當我發現自己正陷入惰性的泥淖時，會坐下來寫出自己目前卡住的問題點，或者不確定接下來該怎麼做的事件。如果把自己關在頭腦裡，就只會在想法中不斷打轉，狀況容易變得難以承受，因此光只是把問題條列在一張紙上，也可以幫助你整理出頭緒。把最重要的項目打上星號後，動手去執行就好。

不過，也要嘗試找出使你焦慮的原因。請找到問題根源，而不是譴責自己怎麼如此沒用，因為你是有用的人。問問你的超感知，這股焦慮感究竟是怎麼一回事。

如果我陷入焦慮的深淵，而且心臟一帶出現像是心律不整的感受，我會出去散步或做些園藝工作。最重要的是，不要去做會麻痺自我的活動，譬如喝酒、吃東西、狂看電視或賭博，因為一旦那些活動結束了，只會把你又帶回原點，繼續陷入焦慮的深淵。

很有可能，你就是必須一邊「感受恐懼」一邊去做。或許你有個令人擔憂的健康問題、財務有狀況或是工作上面臨困境，你已竭盡所能地改善，但也只能無奈地繼續往前奮進。有時，你只是被不知道還要做多少努力的想法給打敗了。像我每次難以面對整理家務這件事時，會先從自己的房間或房子的角落開始打掃，然後沿著牆壁周圍清理。起身做些事情，會讓你感覺好過些。

心智的變性狀態

變性跟惰性是相反的，這是一種高度的專注，幾乎是痴迷的狀態。我們身邊都有那種在追求目標時，異常活躍且專注的人，也許是為了致富、成名、吸引異性、建造豪宅或做大事業，他們沉迷於工作且能挑燈夜戰。他們不缺乏組織力，也不缺乏目標，他們一心一意、精力充沛而且神經緊繃，可能會持續這麼做個十到二十年。不論目標是好是壞，但是方法及過程是相同的。處於變性狀態的人被驅使著要獲得成就。

在西方思維中，我們經常羨慕這種生活方式，崇仰那些偉大的運動員、商人或藝術家。志在必得，在我們文化中是令人欽佩的類型，但是通常和這類人相處或近距離接觸時，我們的超感知會對此感到不安，因為他們的生活似乎已經嚴重失衡，很多方面也都被忽略了。他們經常粗暴地對待別人，親密關係不僅品質不佳也難以維持。如果追蹤他們的人生進展，就會發現他們遲早會轟然崩潰。

我們經常吸收到人生只有兩種選擇的想法，這要小心。面對兩難的選擇，試著找出第三種方法是很有趣的一件事。懶惰或努力工作，聽起來似乎涵蓋了所有選項，但其實選項還多著呢！

轉移到悅性

在吠陀體系中，最高階的心理狀態和生活方式稱為悅性。處在悅性的狀態下，你不但專注、富有工作成效，而且你的行為不再只是「被驅使」，你的行為是很協調、平衡與平和的。你與他人以及他們的需求、目標「一同合作」，因此不會活像一頭公牛四處魯莽闖禍。在悅性修持的狀態下，人們會在過程中感到一種矛盾的滿足，似乎某種程度上你已經達成了想努力實現的目標。

這也許是項艱鉅的工作任務，但是在進行的過程中，你的內心深處是平靜的。正如同靈性導師拉姆・達斯（Ram Dass）對死亡和瀕死的看法一樣：它是如此沉重，也如此輕盈。這種態度表示你將更有效率，而不是產生反效果。你會對新想法採取開放的態度，並始終採取正確的做法，不會隨便或很強硬地處理。

許多人隨著年齡增長，越來越有生命的智慧，就會從變性轉移到悅性的修持。在德國文學家赫曼・赫塞的經典小說《流浪者之歌》中，主角孜孜不倦地努力賺大錢，就為了給美麗的妓女留下深刻的印象。他成功了，卻覺得很空虛，最終為了找到一條更好的道路，他捨棄了過去的一切。我許多億萬富翁的朋友也都做出了這樣的轉變，從早期只關心累積財富變成「我能夠如何幫助這個世界？」他們生活中的享樂昇華了，這也讓他們那些不慷慨的同儕看起來像是可悲的失敗者。

與此相應的武術例子是合氣道，它的目的從來不是傷害他人，而是以一種無害且友好的方式轉化他人的侵略性，以結束紛爭。一位著名的合氣道大師曾在火車上遇到一個嚇壞眾多乘客的可怕瘋子。不過，他沒有使用合氣道制伏他，而是溫和地請那名男子和他坐在一起，不到一分鐘，男子哭了起來，原來他母親那天早上過世了。合氣道大師就只是坐在那裡，把手放在他的背上，而同車的乘客也靜靜回到自己的座位。

悅性修持的活動看起來似乎沒什麼，但是其實它擁有改變世界的力量。就像針灸的針一樣，微小的針尖可以重新導引強大的能量——戰爭在發生前便止息了；夫妻在衝突節節高升前就放下，並原諒彼此；家庭會議能在安靜且伴隨著歡笑聲中進行。一個令人驚訝的新趨勢已然開啟。

這就是古代吠陀經文所說的三種狀態，而你無論何時都一定會處在其中一種狀態裡。有些人一輩子都處在惰性或變性其中一種，但是我們大多數人一天之中，就可以在這三種狀態裡進進出出。一旦你確定自己所處的狀態，那麼，即使不刻意做任何嘗試（實際上，不去嘗試通常是最好的做法），你也會開始想轉換到更好的狀態裡。**想要擁有更多的選擇與自由，你所需要做的就是了解自己的內在狀態。**

如果你是喜歡透過神經科學來了解這些觀念的人，從科學角度來說這樣的：使用檢查腦波的儀器（EEG）測量大腦，會發現大腦活動主要有三種類型：西塔波（Theta）、貝塔波（Beta）和阿法波（Alpha）。這三種腦波能夠和惰性、變性和悅性的狀態相呼應。然而，其實不需要用到儀器，你光是憑感覺去辨識就可以知道自己的狀態，真的可以。悅性就像天鵝絨，整個世界感覺起來很滑順，你會一直想待在這個狀態中。

聽起來不錯並不等於真實

並非所有想法都是正確或合理，有些讓你自我感覺良好的言語並不代表它們是真的。我職業生涯的早期，曾幫忙將一名兒童強姦犯送進大牢，這名罪犯侵犯了同居女友的十二歲女兒。當警察上門時，他知道自己沒戲唱了，簡單收拾好東西之後便向警察束手就擒。也許是感受到警察冷酷的眼光，他喃喃自語道：「反正其他人也會這麼做。」好像話還說得不夠清楚，他又說：「對她來說，最好是她認識的人。」

我所見過的犯下傷天害理罪行的人，內在都有一套合理的故事來詮釋自己的錯誤，我們稱之為「合理化」。大家的周遭一定有很多活生生的例子。澳洲在多年前開始實施一項政策，許多渡海而來的難民（其中包含幼童）都被拘留在近海的熱帶荒島上，因為這樣做可以為政客從那些恐懼難民的民眾手中，贏得選票。政客自有一套說法來合理化這一切，宣稱這麼做是為了「挽救生命」，我想，只有腦袋進水的人才會被這套說法愚弄。所謂「禁止船隻停靠」的意思，實際上是指「去死在別的地方」，但是他們不會說得這麼坦白。就像那些想要砍伐森林或開採煤礦來賺快錢的人會信誓旦旦地說：「這都是為了創造就業機會！」實際上都是用巨型機械取代人力。以上這些合理化的例子都是頭腦的想法，我們需要特別注意這一點。不願誠實說出自己的理由或實際需求，這樣的習慣會毒害一個家庭，並給孩子帶來巨大的壓力，因為我們嘴上說的是一回事，但是超感知會告訴他們「這不是事實」。

好好處理這個問題真的是至關重要。

要過這種言行一致、身心合一的生活並不容易，但是努力試著做到這一點，能夠讓你一點一滴地成為昂首闊步的人。在書或電影中，我最喜歡的情節是某個角色突然開口說出真相，通常是青少年或是雙眼渾濁的老人家。到頭來，真相永遠是你的朋友。

我的著作《男子漢》於一九九〇年代首次出版，當時促使了數百個男性互助團體成立，讓男人可以彼此支持並擁有更好的生活。有些團體已經持續了至少二十年，這表示在繁忙的生活中，這些團體對那些成員來說是相當重要的。男性互助團體的核心精神就是，說出不同於以往在酒吧或休息室裡面那種插科打諢的對話，大家要發自內心地對話，聽其他人分享心事時，不要急著給建議或理論，就只是靜靜地聆聽每個人的話語。

男性的困境在於，除非有直言不諱且關心自己的朋友，邀請我們好好檢視一下目前的生活，否則我們是不會想到要這樣做的，可能就渾渾噩噩地過一輩子。每當我得知男性同胞又做出什麼可怕的行為時（包含自我傷害或傷害他人），我都會感到一陣悲痛，因為他們當初若能尋求優質的互助團體的協助，這些悲劇都可以避免，我親眼看過無數個成功的案例。

在男性互助團體或治療團體中，擺脫合理化的謊言是非常重要的一環。曾有名男子花了五分鐘拚命抱怨婚姻問題跟床事不合有關，然後他的同伴悄悄地問：「大衛，這真的跟性有關嗎？」

令人震驚的是，大多數人的思考都淪為與現實脫節的自言自語。看看社群媒體上的聊天紀錄，你會發現人們的思考路徑往往只是一堆一再回收使用的陳調濫調。大部分人並沒有真的為自己的生活理出頭緒，他們僅按照自己的感覺做事，然後從豪宅的第三層中找個合理的故事，來合理化自己的行為。

學校教育應該在九年級左右，於課程中納入辯論、推理和如何有邏輯地區分事實和感覺的密集訓練。在某些年齡階段，這種嚴加管教的愛是教育孩子的關鍵。溫和地指出孩子的錯誤所在，並教導他們解決的方法，也許親子教養有百分之八十都是在討論什麼事情是合理的，以及事情怎麼運作。阿姨或姑姑們面對青少女時，這一點通常都做得很好，她們可以親切地進行長時間的對話，談論那些青少女羞於向母親啟齒的話題。例如關於愛情方面，阿姨／姑姑們會問：「他是很帥啦，但除此之外，你們若想要生活一輩子可能會很無聊耶？」「你想從生活中獲得什麼呢？」「你永遠不可能隱忍的事情是什麼？」「對你來說，生命中最重要的是什麼？」她們甚至還會點出青少女的矛盾：「你說自己想要這個，但是你卻那樣做。」如果沒人幫助我們使用這些腦部肌肉，它是要如何變強壯呢？

想要理解頭腦，就得知道一件事：它不是被設計來單打獨鬥的。為了進行交叉比對並檢驗想法的合理性，我們需要成為心智網路的一部分，最好是和那些老是跟我們唱反調的人在一起。說實話，跟觀點與自己完全相反的人結婚，還是可以幸福美滿、獲益良多的。

往高處爬

從當年向洞穴的同伴大喊不要讓長毛象肉烤焦了，到現在能組織上萬人安全地參加氣候遊行並取得良好的成效，我們人類不斷地進化再進化，也終於揭開了生命的神祕面紗。理查・羅爾（Richard Rohr）是個叛逆的方濟會神父，也是個樂於思考生命和生活目標的哲學家，他非常擅長將事物提升到更高的層次。羅爾意識到，許多成年人在生活上仍像個小孩般的在思考，這使我們的世界陷入了一個可怕的境界。如果你、所愛之人或你所珍視的世界受到傷害和破壞，可能就是這些有著成人身體的小孩所造成的，他們四處揮舞著不該被賦予的力量。政治家、寡頭統治者、擁有廣泛經濟利益但不道德的人、獨裁者，甚至到一般凡人、田間莽夫以及茫然迷失的人們，全都讓我們的世界充滿煩惱和不安全感。就如同我們所經歷的新冠肺炎之亂一樣，帶走了很多生命。

羅爾提出了五種領悟，區隔出成人和孩童之間的差異，並將它們視為成年儀式中常見的智慧傳承，幫助年輕人從童年跨進成人期。這五點即是：

1. 總有一天你會死。
2. 生命很艱難。
3. 你沒那麼重要。
4. 你的生命不是只有你自己。
5. 你永遠無法控制結果。

這五點乍看之下，並不像是什麼歡樂的資訊，比較像是世界潛能開發專家安東尼·羅賓斯（Anthony Robbins）工作坊的超級負面版。但是，請記住這些資訊，你的思考將會開始逐漸適應生活中的種種挫折。

知道自己總有一天會死很重要，這不僅會讓你開車時更小心，也會促使你不再麻木地過日子，不再陷入不必要的焦慮而白白浪費生命，或著是因為無法實現夢想而焦躁。美國人類學家卡羅斯．卡斯塔尼達，在《巫士唐望的世界》一書中提到，他的納瓦荷族導師告訴他，要讓死亡待在左肩上常伴左右，這樣才能一直提醒他「要跟隨自己的心」。死亡的認知起了非常重要的生命作用，它讓我們的生活更加豐富精彩。人生的劇碼終將在某一天落幕，因此請不要浪費一分一秒。

知曉「生命是艱難的」意味著你已事先收到警告，想要有所得，就必須要付出一番努力；人生當中，雖然也會出現與歡樂同等程度的悲傷，然而這一切仍是值得的。前面提到羅傑斯在他的節目中，也不吝於對最年幼的孩子談論如此敏感的話題。他從不迴避疾病、殘疾和死亡，因為這些是兒童的生命中也會出現的事實，我們需要對孩子們誠實以對。**生命雖然艱難，但是你永遠不必一個人面對它，他人的愛才是讓你感到安全，並且能夠重新振作的原因。**

了解自己的平凡不代表你的獨特性會被奪走，而是提醒你要謙卑。奇怪的是，地球上有史以來最去人性化的的流行文化，就是我們過度沉迷於自己的獨特性（尤其是對青少年來說）。確實，我們是很重要，不但是生命鏈的一部分，還可以保護並讓生命鏈更加豐富多彩。然而，我們要做的反而是謙虛地找出需要自己協助的部分，在讚賞他人一切努力的同時，也感謝他們成就了我們的生命羅爾的第五點可能是所有問題中最折磨人的，也因此非常重要，畢竟我們花了大半輩子的時間在學習這件事。例如，**在婚姻或任何長久的關係中，若想要獲得親密感、信任或樂趣，我們要修一門很難的課題：放棄控制**。甚至，連選擇去哪裡吃晚餐都不要想控制結果。愛情實際上是一種雙人舞，在這齣舞碼中你跳著自己的舞步，但不能把另一半當作假人模特兒看待，你不但會感受到自己的舞動，也會感受到對方的舞動，並希望彼此的舞步能融合在一起。但數百萬的男男女女並不理解這一點，因此總是試圖控制另一半，他們擔心如果不這麼做，自己的需求將永遠無法被滿足。性慾和欲望就是個巨大的考驗，因為雙方很少同時擁有相同強度的需求。然而，好舞伴會願意前後左右地擺動以便找到節奏感，最重要的是，將對方視為平等、自主的個體，並相信音樂會引領你們和諧共舞。

這裡有個重要的區別。降低控制力並不表示我們應該放棄試著讓彼此相處的狀態變得更好，這也是現實生活中經常出現的矛盾狀況。看看那些在人類歷史中一直存在的疾病、事故、戰爭或災難等可怕事物，這些巨大的矛盾並不妨礙我們進步。

身為治療師，我全力幫助人們對自己的生活能擁有更多的掌控力，同時我也身為奮鬥掙扎中的人類一員，努力學習該如何好好管理自己的生活。但即便我們可以駕馭自己的小船，也能夠在關鍵時刻用力划槳，時不時還是會碰上暴風雨和漩渦。無論怎麼做，不可預測的力量有時還是會對你造成影響，甚至是帶來毀滅性的打擊。在此有兩種選擇，你可以生活在恐懼當中，或是用比較特別的方式來面對——放輕鬆。這些不可預測的力量和結果不是你能掌控的，我們可以盡可能地讓生活安全、健康和幸福，其餘的就只能放手信任了。然而，當可怕的事件發生時，請記得我們擁有處理那些可怕事件的工具，因為人類就是為此而設計的。

懂得運用四層樓豪宅的概念表示你不會被生活壓垮。心理分析學家埃思戴絲寫得很好：「你是創造來因應這時代的。」

身為成年人

「成年人」是由那些已經意識到生命是為了彼此、為了所屬社群而活的人所組成。除此之外的目標都不是真的，而且也毫無樂趣可言。世界上真正的勝利者不是我們一般想像的那樣，他們也很少躍上新聞版面成為目光焦點。

成為一個「成年人」並沒有既定的年齡；放眼望去，成千上萬的小孩就住在成年人的軀殼裡四處遊走，而且還常常處於很有權勢的地位，因此讓我們的世界變得危險且傷痕累累。步入成年期需要外力的協助，每個原住民文化都存在這種措施，它們被稱為「成年儀式」。成年儀式有著清楚規定的步驟，為了在新的地方重生，其中最重要的步驟就是讓舊的自我死去。這並不容易。我們只能在關係中學習這些東西，也就是與那些真正關愛我們且長期生活在一起的人們的關係中學習，他們在所有階段都伴隨在身邊，並協助我們度過生活難關。

對我們祖先來說，成年期並不意味著要進入一個廣大無情的世界，而是進入一個有同情心且有共同目標的成年人所組成的愛心社群，這也是社群建立的初心。因此，親愛的讀者，如果你覺得生命很艱難，那麼你就必須尋求社群的幫助，即使那不是個完美的協助也一樣。每個人都跟你一樣，都在尋找自己的道路，你永遠不該感到孤單。

關於成為一個真正的成年人，羅爾在教導中提供的最大智慧是，我們雖然花了二十年左右達成獨立自主，並擁有堅定的自我意識，但「成年」其實代表我們必須捨棄這些「舊有的自我」，才能邁向新階段。成熟的人熱愛生活，並享受生活帶來的眾多享樂，但是他們知道深沉的喜悅並不在那裡。越來越多的人開始關心並致力於大眾的福祉和身邊的人的生活，他們承擔著地球的管理職責，並為此奉獻出自己，甚至是付出一生。

我來自世界各地的同事和朋友們，現在都全力減緩和逆轉全球氣候的緊急狀態（這是一場生死攸關的競賽）。試想一下，到了本世紀末，這個過熱的地球只能為十億人提供食物和安全的環境，但現在全球卻有八十億的人口！我有些六、七十歲的朋友們，他們擁有備受尊敬的身分，卻還是願意為了喚起政府的重視，做出封鎖銀行、城市街道或國會議員辦公室的行為，經歷被捕、出庭後，又再次從頭如法炮製。世界各地，這些年長、體貼、有愛心的人正試圖找到安全且和平的方法，來阻止人類滅絕。他們把子孫未來能享受陽光的機會，看得比自己的生命更為寶貴。

這正是三樓所提供的精彩世界。**透過有意識地決定關心什麼人事物，可以讓你過著有意義的生活**。思考可以減輕你的苦難，在艱難的處境中依然能提供你觀點，並賦予困境意義。它可以把我們從受害者身分，轉化成將生活掌握在手中的智者。豪宅的第三層樓，就是定義人類這個物種以及人類潛力的樓層。我們是個超級生物，正一步一腳印地邁向成功，就像是探索外太空般令人興奮。

而且還不僅止於此。思考會向上引領到價值觀，價值觀會引領到一連串特殊的行動，這向上引領的連結會繼續延伸下去。有一天當你探索三樓時，突然眼前出現了一個滿布灰塵的舊樓梯，它往上通到一扇天花板的活板門。爬上那個樓梯的時候，你可以聽見斷斷續續的樂音，並看見門縫流瀉出的亮光。那上面是什麼呢？親愛的讀者，在我們進去之前，請先暫停一下。不妨先休息一下，喝杯茶之後，我們再繼續往上探索。

思考腦的反應小練習

平靜並好好地找出生活的意義和做出選擇，都是透過學習而來，同時也端看你是否願意這麼做。

1. 當你還是個孩子時，父母和家人是否會坐下來冷靜地談論事情，並運用邏輯推理制定出最適當的解決方式？
2. 你是否傾向於先決定自己想要什麼，然後再提出理由解釋自己這麼做的原因？你找理由解釋是為了自己？還是為了別人？你有多少意願放棄合理化自己行為的習慣？

3. 你是否在捲入爭論後，依然能意識到對方實際上是正確的，或是從對方的觀點來看是正確的？面對相反的證據，你會放下自己的論點嗎？還是你不會善罷甘休繼續吵？

4. 在理查・羅爾的五個生命真相中，哪一個你覺得是目前人生中最掙扎的？

a.）總有一天你會死

b.）生命很艱難

c.）你沒那麼重要

d.）你的生命不是只有你

e.）你永遠無法控制結果

5. 你是否曾對哪幾個生命真相感到掙扎，但現在已經能接受了？

馴服頭腦中的人群

現代大腦研究最令人震驚的發現之一，就是我們常想到的自我（我們、自己）其實並不存在。說白了就是，你並不存在。神經科學家一直在探索身體或大腦，尋找這個所謂的「自己」到底存在於哪個位置，然而「自己」的存在都不在這些地方。生命對我們來說是一種流動、連續性的體驗，這有助於我們記得穿上鞋子和刷牙。是的，比起硬邦邦的磚塊，我們更像是海浪，因為我們具有連續性，而且一直都在改變。這個可能衍生出很多的影響，但其中一個是了解到「虛假的自我」很容易掌控一切，而你也可能會被這些對自己無益的虛假自我所劫持。

患有某些腦部疾病的人都曾聽到恐怖的聲音（通常是那些帶有批判、令人不安的聲音）在騷擾或折磨他們，但是我們所有人在某種程度上都有類似的經驗，我們會與內在的自己爭論，或者是和可能傷害自我的內在衝動對抗。光是走過一家蛋糕店，我們內心可能就會上演這樣的戲碼。

我們不是個生來就是完美無缺的人，而是需要由其他人撫養長大並受到他們的潛移默化，我們有個稱為「鏡像神經元」的特殊神經元，專門負責內化這些榜樣。所以到了成年期，我們本質上可說是一群人的「總和」，深受自己生活周遭所有人的影響，而且這些不同的群體很少能和平相處。

首先要弄清楚自己身上有誰在裡面。如果你的父母親或是其他照顧者中，有人是很嚴厲且充滿批判的，那麼你的腦中可能會有這種聲音——「振作起來」、「你這個沒用的東西」。如果有時候你感到很痛苦，可以做件有幫助的事，檢查一下是不是這個「次人格」搶走發言權。同樣地，在大多數人體內會有一個充滿活力但無腦的「叛逆自我」，就像知名演員比利．康諾利所說的「毫無頭緒的叛逆者」。這種次人格連交通號誌都能拿來爭論，而且一旦爭起來往往難以善了。不過你本性的這個部分有助於打破常規，譬如從青春期開始讓你慢慢從家中獨立出來，就是它的重要工作，但它不會是你想要託付控制權的對象。你內在的叛逆者知道自己不想做什麼或變成什麼樣子，可是並不擅長做出更長遠的選擇。

我們大多數人體內，還會有個善於誘哄人、天真無助的自我，能夠很有技巧地讓其他人出手營救，或者是有個老為同一件事自憐自艾發牢騷的自我。自我慰藉有其必要，承認你需要幫助是成熟的一個重要面相，這些次人格能為我們帶來轉變，並繼續前行。然而，要想真正成熟地自力更生，或獲得真正的賦權，他們都不是好夥伴。

但是也別誤會，你腦中的次人格並非都是負面的，也有很多有助益的次人格，例如善良、自我激勵的人格；理性、講究邏輯的人格，以及行動力強、有趣、好玩的人格。這三者湊在一起能組成非常好的團隊——熱情、明智且充滿活力。

英國的華德福教育家迪迪．巴克（Didi Bark）如今已八十多歲了，她是第一個啟發我想到這一點的人，迪迪為了方便管理自己腦中的人格，給各個角色取了個有趣的名字。我從迪迪那裡學到了這個命名的技巧，並且經常用來卸除頭殼中那些有害的占領者的武裝。這些角色連脫韁野馬都無法將它們從我的腦袋瓜拖出來，但是你可以用「無助的哈利」、「復仇者維恩」、「貪婪的阿鬼」、「鬼靈精西蒙」和西蒙的兄弟「正經八百的皮特」等有趣的名字為自己腦中的角色命名。這樣一旦發現它們跑出來，就很容易把它們送回屬於自己的角落，你可以繼續與腦中其他更優秀的居民一塊玩耍了。

SPECIAL
特別企劃
SECTION

Chapter

– 7 –

解救男性

Delivering the Male

這是我們第二個需要額外討論的部分，以便讓各位能夠將所學運用在大部分人當今面臨的一些緊急問題上。這次的「特別企劃」主要是希望能處理一個看似棘手又嚴重的問題，那就是「身心俱疲的男人」，並打造出積極正向、溫柔、善良的男性特質。一個身心靈完整的男人是女性和孩童生活中所需的同伴，我們的世界也需要更多這樣的男人。為了地球存亡，我們必須讓「男子氣概」步入正軌，有趣的是，我們其實也知道該怎麼做。這一直是我的人生志業，就讓我先從一個很久以前的個人故事開始說起。

我的高中生活結束了，一時間很難見到過去六年來朝夕相處的朋友們。大學生活指日可待，令人又驚又喜，但這種喜悅很快就因為炙熱的澳洲夏天而束之高閣。某天，我突然接到一位朋友的電話，他的聲音聽起來怪怪的，大事不妙了！他說得非常慌張，還必須重講一次我才聽懂：隔天有一場葬禮，我們的朋友大衛因為槍擊意外去世了，所以班導師請幾位同學通知班上其他人出席。我掛了電話後，呆坐良久。

隔天的喪禮有些詭異，班上的女同學各個哭得心慌意亂。我瞥見一對夫妻看似是大衛的父母親，他母親看起來失魂落魄，父親則是沉默不語且僵硬。由於牧師不熟悉這個家庭，只能盡力說些陳腔濫詞：「我們想起了聖經中的大衛……」一股怒氣在我那沉悶且患有亞斯伯格症的大腦中升起，這樣不對！我們最後拖著蹣跚的步伐走進了明媚的陽光，大家一言不發地走回家。

我從沒想過自己的朋友可能是自殺。大衛是個和藹可親的男孩，也是最聰明的，輕輕鬆鬆就能成為學校考試的佼佼者。對我們這些一九六〇年代的男學生來說，大家可以整天互開玩笑，卻不談論自己的內心世界。我們會聊前一晚看過的電視節目、進行哲學辯論、交流怎麼跟女生說話，或是互相取笑、分享跟女生搭訕時的經驗。然而大衛在我腦海裡有段特別的回憶，這回憶伴隨了我幾十年，那是個帶著不尋常善意的片刻。

我家距離學校約有六公里遠，所以我每天騎腳踏車上學。某個逆風強勁的早晨，可能是受到荷爾蒙的影響，我很早就出門，並迎著風死命地踩著腳踏車，等到了幾乎空無一人的學校後，氣喘吁吁的我意識到自己快要吐了。我在儲物櫃附近的垃圾桶邊走來走去，朦朧地注意到約莫十公尺外的大衛。當我站著努力地喘氣時，他走過來，把手放在我的肩膀上，看了看我吐在垃圾桶裡的早餐。那個年代能得到同學的安慰是不尋常的，更不用說除了碰撞以外的肢體碰觸了，然而那是當時的我最迫切需要的安撫，因此五十年來，我依然能感受到那隻放在我肩膀上溫暖的手。

葬禮過了幾周以後，我母親從小道消息得知他的死因並非出於意外，這對我來說實在是難以理解。大衛一直專注於課業上，而且他對科學類的學科相當拿手，當時我們大家都喜歡科學，因為那是個充滿規則和確定性的安全世界。他選擇在大學開學前一天結束自己的生命，顯然，這是他所無法跨越的檻。但是，上大學是他一生中最大的目標，這怎樣都說不通啊！

幾十年後，我才想起有人可能知道大衛的死因。我趕回墨爾本，找到了存放驗屍報告的辦公室，一名和善的女子從塞滿的檔案櫃中拿出了一個資料夾。她凝視著我，在遞給我資料夾前停頓了會，輕輕地說：「我注意到了死因，只是想提醒你，裡面可能有照片。」

然而檔案根本不是她說的那樣，大衛的檔案紀錄簡短得令人震驚。它中規中矩地描述了他如何結束生命等肉體上的細節。這報告以很官腔的一句話「無可疑情況」就結束歸檔了。我再一次地感受到了三十年前自己在葬禮上的憤怒——他們怎麼能這樣？我朋友到底發生了什麼事？至今，我仍然沒有離真相更近一步。一宗謀殺案能動員一整個團隊，並且花上多年的努力來「解決」，但是面對自殺案件，卻沒有人願意去調查事發原因何在。

我們都知道身為青少年的痛苦，當然，有些文化中青少年不見得會經歷這些。只是相較之下，我們的文化對於兒童轉換到成人的這個過渡期，所提供的支持是不足夠的，導致大家在面對青春期時，好像是要獨自橫渡無人之地般的恐懼。我們的社會就是不鼓勵成年人提供安全感和連結感，尤其是家人之外的成年人。青少年和青少女彷彿都畏縮在壕溝中，有些人受了傷，有的傷甚至是致命的。青少年自殺率下降了幾十年，最近又開始穩定攀升，男孩在自殺行為中「成功」的比率是女孩的兩倍以上。

我自己的青少年時期無疑地也和你一樣，具有其獨特性和普遍性。一九六〇年代年輕人的特色是幾乎完全沒有身體碰觸。我的父母很有愛心且穩定，但是那時父母和孩子之間的語言並不包含擁抱。小時候，我們喜歡坐在爸爸腿上，藍領階級的他在家倒是喜歡使用肢體語言，他疼愛我們這些孩子，而且他很有趣也很友善。然而，我媽媽則是來自肢體僵硬且對自己的身體感到羞愧的家庭。

我最強烈的觸覺記憶是在蹣跚學步時，被抓著放在一個冰冷的大馬桶上，媽媽蹲在我前面，避免我掉進馬桶裡。我記得這些親密的時刻，也盡可能地延長對這段經歷的記憶。到媽媽六十多歲時，我和妹妹終於說服她讓我們擁抱，讓她的身體在擁抱時柔軟下來，而不是將我們勒得喘不過氣，一旦身體柔軟了，她就愛上了擁抱，從此再也沒有錯過任何擁抱的機會了。

我們到了十三、十四歲時，隨著童年的結束，可能連續幾個月的時間最多只有與別人不小心的碰撞，更遑論肌膚上的碰觸了。人類學家指出，在某些極度缺乏碰觸的文化中，這與暴力事件的發生有所關聯。然而，在原住民狩獵和採集的社會中，小孩子被擁抱、牽著、抱著，就像呼吸一樣正常。在今天的亞洲，有些國家中男性朋友會在街上手牽手，而在我訪問過的印度家庭中，孩子們幾乎都會受到慈愛的碰觸；剛進入成年期，同性的兄弟姐妹和朋友彼此之間會建立一個撫慰人心的連結。我在加爾各答旅行時，某個漆黑的夜晚不小心掉進了一個深坑。接待我的主人把我拉了出來，並用他們的雙手拍了拍我的全身，好像我是塊鬆散的黏土，他們要把我重新組合成完整的一塊。

碰觸帶來一種活著的感覺，具有非常舒緩的效果，腦內啡和血清素自由地流動，讓身體和大腦平靜下來。所謂的「慰藉食物」就是在消化道內壁的「皮膚」上複製了相同的效果，這是因為消化道的的內壁與人體的外部皮膚相同，也因此有數以百萬計的人會用吃來代替觸摸的安慰。

我的老師，同時也是家庭療法的創始人薩提爾女士講過這樣的名言：你每天需要三個擁抱才能生存，六個擁抱才能成長茁壯。哈利・哈洛（Harry Harlow）是位研究猴子寶寶的著名心理學家，他用「皮膚飢餓」一詞來稱呼這個現象，那些沒有慈母養育的猴子寶寶會變得像殭屍一樣，且發育不全。

薩提爾的教導說到，「碰觸」肯定了你的存在，也證明了你的內在價值，並創造出活力感以及能量。碰觸也是人類表示「包容」的原始信號，它解決了焦慮也建立了信任感。如今，我們都知道狗醫生或狗老師在醫院、學校能帶來健康上的益處，而我家那兩隻領養來的流浪狗，每天早上都會衝向我，要我撓撓牠們的頭和皮毛。我認為青少年對於碰觸的需求不會比狗要少。

我的亞斯伯格症病情倒是讓情況變得有些複雜了。想要與人連結（特別是與女孩們），再怎麼樣都需要最基本的言語交流，所以和別人談話時，我試著讓自己的話語充滿溫暖和幽默感，但是都失敗了。我之所以喜歡學校，是因為它有架構可遵循，讓我知道該怎麼做，而那些毫無章法可依循的時光對我來說是場噩夢，我連該怎麼走路、站哪，或者該做什麼臉部表情都無所適從。

在那個年代，教會的青年團和營隊是許多青少年生活的重心。某個寒冷的早晨，在丹頓農山脈某處的一個營地，我起得很早，正四處張望著，看到我認識的一對年輕情侶穿著長外套站在營火旁。他們雙臂環繞著彼此，一直黏在一起，安靜地等著早餐煮好。這位表情豐富的女孩被高過頭的男友擁著，她看見我，給了一個微笑，接著做了件驚人的舉動。她伸出手臂，明顯地在邀請我加入他們，她把我拉近身邊成了這個大大擁抱的一部分。

我們站在那兒幾分鐘，兩個瘦瘦高高的年輕人中間夾了個活潑的女孩，肩並肩地凝視著營火，還不時說些沒頭沒腦的話。我可以感覺到她的溫暖，延伸到我身體的每個細胞裡，撫平了我的孤寂。在當時那個年齡，我常常覺得如果哪天我死了，應該不會有人在意（連我自己都不在意），但這個擁抱讓我想要活下去。

我的朋友大衛無論是出於何種原因選擇結束自己的生命，我敢打賭，當年可能只要幾位朋友就能挽救他的生命，這些朋友可以傾聽他的憂慮、陪伴他，直到他度過難關，但最重要的是大家開心地將他抱在懷裡、撫摸或按摩他，讓他想要活下去。當時我們身邊那些善良的女同學也能提供幫助，只要她們能理解這是每個人所需要的。我死去的朋友知道碰觸對人來說有多重要，否則那天早上他不會走到我身邊安撫我。

男性需要真實的幫助

多年來，我們一直認為男性之所以自殺是因為無法敞開心扉，所以他們的朋友一無所知，也無法提供幫助。一般認為自殺是因為孤寂所引起的死亡，這個看法雖然是正確的，但光是鼓勵男性袒露出自己的脆弱是不夠的，因為若沒有人予以回應也無濟於事。

除非他們有錢或非常幸運能進行心理治療或諮商，目前為了讓男性減少「自己狀況很糟」的羞恥感，常見的應對措施是告訴他們罹患了「憂鬱症」，並以藥物來治療。但是以上這些背後的科學並不是很令人信服，憂鬱症可能是生活孤寂而生的自然反應，也可能是肇因於我們強加在男性身上的狹隘角色形象所帶來的失敗感。

實際上，很多時候男性確實會向周遭的人尋求幫助，但這些人的反應不是不知所措，就是根本沒有用友善男性的方式來支持他們，讓求助者變得閉口不談，甚至變得更糟糕。

目前比較好的做法是，與其宣導要讓男性敞開心扉，不如先針對圍繞在男性生活中的三個主要危機來提供服務：

1. 分居和婚姻破裂。
2. 濫用毒品和酒精。
3. 失業或財務壓力。

在地、小型且友善的男性服務機構是很實際的，它不但能在情感上提供支持，也能得到此特定領域知識的專業人員協助，相信這會是預防自殺的最佳方式。在澳洲，一項名為「男性探索新方向策略」的優良計畫，就是在協助剛分居的男人，幫他們穩定下來，以及從婚姻破裂的經驗中吸取教訓，以便將來在親密關係上可以更成功，也幫助他們繼續和孩子保持穩定的關係，做個好爸爸。「爸爸壓力大」是一個自助團體，支持並教育男性如何面對生活中最嚴重的危機，以及如何面對最危害人身健康的風險。

可以說，我們現在才剛開始有智慧地、敏感地照顧男孩和男人，並將他們視為有價值，且有獨特需求的生物。如果我們希望他們成為有同情心、坦誠的丈夫、父親、兄弟和兒子，那麼我們就必須以這種方式善待他們。

本章將會探討到四層樓豪宅是男性療癒過程的根基，以及過往數個世紀中，男性所造成的種種傷害又是如何大幅影響了女性的人生。如果你是一名女性，我希望你在閱讀這一章之後，能讓你對男人正在經歷的情況、他們之所以會這樣，以及他們所需的療癒支持能有所認識和同情。然而，療癒畢竟是自己的責任，男性得學會如何來處理它。

我認為女性所面臨的困境中，有百分之九十都與男性有關。不僅如此，當今社會中過度提倡的競爭性、侵略性、個人主義等特質，也很明顯反映出了男性的病態特質。許多成功的女性通常都透過男性化的價值觀和方法達成目標，也因此全球都非常關注紐西蘭總理阿爾登，因為從她身上大家看到了政治、經濟也可以採取非父權的方式經營。她上任的第一天，有一位女議員建議她採取強勢的作風，但是阿爾登女士清楚明確地回答：「很抱歉，那不是我的作風。」

在男性療癒的過程中，女性其實承受著很大的風險。澳洲是個擁有兩千五百萬人口的國家，平均每周就有一名女性被男性殺害；自我暴力更是普遍，平均每天有六名男性自殺，每年有三萬兩千車次的救護車，前往救援嘗試自殺的男子。在英國，自殺率正逐漸下降，該國處於世界排名的中間。即使如此，每天仍然有十二名男性死於自殺，這數字幾乎是交通事故死亡人數的三倍，令人震驚有這麼多生命隕落。

幾年前，我居住的城鎮裡有位剛被裁員的公務員，他手上拿著槍，一邊咆哮一邊失控地大哭，他那擔心受怕的妻子因此將他的朋友們請到家中來。幾個朋友在他家輪流睡了好幾天（他的妻兒則都先安置到安全的地方），與他交談、給予安慰，或者冷靜地指出他內心的盲點。家裡總是有人醒著陪伴他，手槍也早已被拿走。危機過去後，他對朋友們有著深深的謝意，如今還以志工的身分幫助處於類似情況的人，他很難相信自己曾經如此接近鑄下大錯。

顯然現在有一種新的男子氣概正在興起。過去三十年來，男性與孩子相處的時間增加了三倍，許多男人也能自在地哭泣或擁抱他們的朋友，而年輕的一代則更能夠平等對待伴侶或女性，遇到同性戀者或跨性別者也不會讓他們驚慌失措或倍感威脅。這些男性都走在時代的尖端！然而，許多文化仍有許多醜陋的舊觀念需要汰換，這是一項全球性的任務，我們必須現在就予以處理。

到底是哪裡出了差錯？

這股雄性風到底是怎麼走歪的非常值得探究，而且還帶動了一整個社會風氣。三十萬年來，人類一直以一種非常特定且不變的方式生活著，我們生活在緊密的小氏族中，每個人都有親戚關係，互相關心和彼此保護。生命是寶貴的，在大部分的史前時期中，人類的數量一直都很少。在第一個冰河時期，整個不列顛群島大約只有五千人。

在那段久遠的歷史中，男孩的成長過程身邊都圍繞著一個由爸爸、叔叔、祖父等長輩組成的男性團體，他們幾乎每天時時刻刻都在引導和教導他。他們必須要這麼做，因為男孩在十四歲時就會被視為一個男人，大家的生命都仰賴於他的技能、無私和安全穩定。讓男孩正確地成為一個好男人，是地球上每個文化非常重要的部分。

「男子氣概」猶如流水一代傳一代。過去的社會偏向母系社會，對男孩的教育重點在於教導他們保護身邊的生命。但是當人類進入農業社會之後，生活變得更加艱難和嚴峻，女性的地位也被貶低了——父權興起。但整體上，人類仍然生活在社群中，關於成年期，男孩們仍舊受到詳盡的教導，並且傳遞神聖的意義。

接著情況有了變化。我們進入工業化的生活方式，突然間，男人和孩子幾乎一整天都被分開。男人下到礦坑、進入工廠和碾磨廠工作，也被帶去戰場上廝殺，倖存者帶著身心創傷回家，並變得沉默。許多年長者至今仍記得這些，這些正是構成他們人生的背景事件。一個疏離的父親，可能酗酒或家暴（或兩者都有），執迷於控制和大肆宣洩，又或者是另一種極端——處於匱乏和崩潰狀態。

然而，**每個孩子天生就渴求父愛，**無論男孩還是女孩都需要。每個孩子都渴望有個夢幻的爸爸，能愛護、教導、鼓勵和養育他們。但是，當工業化的世界來臨，這麼做就等同浪費時間；許多父親變得像個怪物，一個晚上時會出現在家裡的恐怖人物。一道巨大的裂痕在十九世紀和二十世紀的家庭中裂開。男性研究權威羅伯特·布萊稱之為「父傷」（father-wound）。

男孩不再像過去一樣受到父親或父執輩的照護，他們心智熟成所需的照護連十分之一都得不到。女性已經盡了最大的努力，但是培養男孩「男子氣概」的基石還是少了那麼一些。一個不了解成年男人內在世界，不了解如何因應男性軀體中獨特的化學反應、需求和喜悅的世代，就這樣長大了。

女人們靠著自己的努力把男孩教養成出色的男人，她們這麼做已經有數千年之久。最好的狀況是她們會找些好男人出現在兒子的生活中，例如祖父、叔叔、吉他老師、體育教練、隔壁的男同性戀者等等。她們這麼做是明智的，但是男人如果能騰出空檔、明白這是自己該做的工作，會帶來更大幫助，因為「給予父愛」是種共同分擔的活動。**一個男孩需要盡可能地體驗各種男子氣概，才能從這些經歷中，把靈魂深處那個獨特的男性特質給提煉出來。**如果你從未見過一個真正的好男人，那就很難成為一個好男人。

在二十世紀末，有十分之九的男性與自己的父親關係並不親密，甚至很多人對父親抱持憎恨。父傷造成的鴻溝猶如大峽谷般貫穿我們的文化，而我們竟然認為這很正常。

和你的父親一塊修正

當年《男子漢》一書出版之後，我開始收到一些男性讀者的來信，他們在這本書的鼓勵下，開始與關係疏遠的父親交談。最安全的破冰方法就是簡單地問：「我們還小的時候，你覺得生活如何？」「那時發生了什麼事呢？」這不是指責，只是想了解，通常這也會是真相顯露的時刻。有位外科醫生從澳洲回到英國，找到他三十年未見也恨了三十年的父親，他父親在療養院裡已來日無多。他就近租了房子，以便陪伴父親，讓他安詳離世。他在信裡提到這件事，並感謝我，這封信對我來說是非常珍貴的一份禮物。

男人需要向其他男人學習並有所依靠，幫助他們形成更多元、舒適的男子氣概，而且不要讓生命中的女性擔負我們的情緒。男人們最迫切需要的就是能好好生活在四層樓豪宅中。以我個人來說，我六十七歲了，生活仍需要比我年長的男性友人定期的滋養，這能讓我靜下來，也能讓我更勇敢。

好男人的特質

好男人的特質有哪些？我曾問過二百位女性，她們說出了以下特質，而且還有其他未列出的……

- 溫柔
- 善良
- 體貼
- 安全感
- 誠實
- 可靠
- 可信賴
- 風趣

- 身心慷慨
- 實際
- 努力工作
- 心胸開闊
- 慈愛
- 積極
- 有耐心
- 脾氣溫和

我收到這些回覆時其實有些痛心，因為可以看出她們在許多時候都遇到了相反的情況。毫無疑問，男人也會條列出類似的特質。

這些特質實際上可以區分成兩種類別：骨氣和心靈。一個好男人必須兩者兼具，比方說慈愛是屬於心靈的，而可靠是骨氣。兩者相輔相成，缺一不可。你可能遇過浪漫、有趣又溫柔的男人，但是毫不可靠、虛假、不可信賴——許多讀者可能會有類似的父親或前夫。又或者，你遇到一個可靠、實際、有條理的男人，但是他木訥、冷漠、拘謹，就連對待你和孩子都顯得冷冰冰。儘管需要他時他都在，但你不確定自己是否希望他在。若用我們的四層樓豪宅來解釋，這樣的男人從沒離開過第三層樓，他生活在自己的頭腦裡，只會理性思考，完全與內心和身體分離。

因此在養育兒子時，我們必須確保他們既有骨氣又擁有心靈。一個性格真正有力量的人，可以在遇到艱難時堅持不懈，但也知道什麼時候該笑著讀詩，這樣的想望並不過分。

卸下假面

「和你的父親一塊修正」是個很重要的步驟，另一個就是學著「卸下假面」，卸下從青春期就穿上的盔甲，變得更加真實。

想像今天有個十四歲的男孩。青春期進展順利，外形變化明顯，內在影響也很大──因為他體內的睪固酮高漲，是小學時的八倍。他感受到長大成人以及成為男人的期盼猶如浪潮般向他衝來，然而，他的內在沒有建置如何成為男人的「軟體」。除非他非常幸運，否則，他的父親以及生活圈中的其他男性，都長時間在工作，只花很少的時間陪伴孩子。當他們陪伴孩子時，也不是很健談，當然也不會多談內心感受、夢想或生活故事。幸運的話，他會遇到幾個樂意分享和陪伴的學校老師。

這個年齡的男孩會想要顯得有男子氣概，並且在自己的社交世界中抬頭挺胸，但是他不太知道該怎麼做，也不知道該拿自己怎麼辦？除非他的叔叔伯伯、父親的朋友們，或者有愛心的老師從中協助，否則他可能會無所適從。因此，他建立新身分的方法只有一種：假裝。有幾種現成的標準男性「假面」或角色供他選用，舉例來說，他如果在比較貧窮的地方長大，那裡的年輕人可能充滿暴力或侵略性，那麼他就必須戴上「硬漢」的假面。

如果他的狀況稍微好些，對社交有自信，那麼也許能掌握第二種標準假面「潮男」——帶著酷炫的太陽眼鏡、穿潮服、開好車、有個漂亮的女友。這個角色在未來可丟開，且不會造成任何嚴重傷害。自私自利雖然可笑，但很少致命。

如果他長得不好看，或者有其他缺陷需要掩蓋，但是他的頭腦敏捷，那麼可以戴上「開心果」的假面，專門打破僵局、嘲笑自己，並且總是很樂觀。在某些方面來說是比較自由，但是這種假面的代價是容易罹患憂鬱症。這也是最容易造成自殺的假面。

假面四號是「力爭上游的傢伙」，雖然不那麼善於交際，但可以領先其他人。有些女孩很喜歡這種男孩，他們不那麼令人興奮，但是在追求物質成功上會是個神隊友——如果這是你想要的話。如今，我們已進入企業化世界，白領階層占多數。它造成死亡的機會很低，除非你把無聊至死算在內。

穿戴假面所帶來的問題很明顯，那就是看不見真正的你。然而，如果我們不被他人看見，就無法產生連結，我們會逐漸乾枯萎縮。在外在世界中行之有效的事物，在私密領域中是行不通的，你那渴望真正親密關係的伴侶開始對每件事感到絕望，孩子們覺得不被愛或是沒有連結感。飯桌旁那個戴著假面的男人既無法給予教育，也無法使人安心，十幾歲的男孩發現自己開始對父親產生莫名的怒氣，但不知道那是因為他們想從父親那裡獲得更多關愛。

幸運的是，這一切都將開始改變。不久前，一段影片從法國網球明星馬胡（Nicolas Mahut）的社交網站傳播開來，他在輸了一場至關重要的比賽後，忍不住雙眼含淚，突然間，他的小兒子從看台上跑到球場中擁抱他。球迷們對此大加肯定，他的對手梅爾（Leonardo Mayer）看到了這場景也頗有同感地淚眼汪汪。當我看到這段影片時，已經有七百萬的觀看次數。當今人們願意讚同「顯露真實的自己」，這可是很不尋常的現象。

話說回來，要如何摘除假面？這就像承認自己陷入困境、害怕、尷尬、傷心、犯錯時，一樣簡單。不要害怕到二樓去感受，這通常被稱為「脆弱」，但有能力敞開也是種堅強。悲傷、哀慟、尷尬甚至羞愧（男人最難感受的情緒）都是個過程，當我們經歷了幾次之後，會發現它們的滋養正是成長所需。女人對男人的唯一要求就是希望他們願意成長。

當我們能夠敞開心扉並坦然地說出：「我的狀況不好，但是我能與它共處，而且對此不感到羞愧。我會找到辦法的，歡迎你的協助和支持。」這會產生一種奇特的力量，然後，打造自身真正的男子氣概、面對自我的工程，便就此展開了。

《男子漢》初版的封面上有隻老鷹飛過摩天大樓，大樓上有數百個相同的窗戶，有人寫信給我說，每扇窗戶後面都是一個夢想著逃脫的人。如果正在讀這章節的你是男性，我希望你能走出那座把你困住的玻璃監獄。請先進入自己的身體，盡情跳舞、移動、顫抖或疼痛，接著走向內心，並進駐所有的情緒空間。再來是走出你小小的腦袋，躍向狂風和自由。

如果你是女性，那麼這會是你一直以來希望、祈禱男子氣概在兩性關係以及世界上，有所轉變的良機。我也真心希望你生活中的男人（父親、丈夫、兒子和同事），會變得有所不同，變得更快樂、更安全、更信任、更親切。事實上，整個世界的存續取決於這個轉變能否迅速奏效，我希望這本書也能幫上忙。

Chapter

– 8 –

四樓
靈性不是你想的那樣

The Fourth Floor
Spirituality Is Not What You Think

已經下了好幾天的雨，但在星期日的早晨，太陽終於露臉了。他走進廚房，對她說：「外面天氣很好，我們去海邊如何？」她猶豫著、皺著眉頭、看著客廳的兩個孩子，然後脫口說出：「哦，好啊！」他們開車去了個安靜的海灣，一起沿著海灘散步，愛犬在前面奔跑。在海灘盡頭，他們停下來休息，看孩子們在石頭圍成的小池子中嬉戲玩耍，全神貫注。他突然感到疲倦，躺了下來，用帽子遮住臉。她則繼續往前漫步，不久後又沿著海灘往回走，然後握住了他的手，她已經好一段時間沒這麼心滿意足地享受這一切了。當他們開車回家時，孩子們都在座位上睡著了。

如果外星球的訪客看見人類所從事的活動時，必定會對其中的目的感到困惑。從表面上來看，我們做的很多事都不合邏輯，像是在沙灘上散步、種花、和毛小孩玩，但實際上，這些就是生命運轉的核心。

這裡請大家回答看看一個問題，以下活動有哪些共同點?衝浪、滑板、騎山地自行車、喝醉、為嗜好或某個計畫而努力、參加音樂節或搖滾音樂會、去教堂、做愛、使用毒品、參加冥想課或僻靜營、爬山、在月光下裸泳、參加一場足球比賽、戴耳機在客廳跳舞、玩刺激的電腦遊戲、製作音樂、藝術創作、承諾一段長期關係、擁有信仰、激情之夜、成立家庭並養家。

它們的共同點會讓你震驚。從本質上講，所有這些都是跟靈性（精神）的追求有關。如果你問從事上述活動的人「為什麼要這麼做？」他們會說：「因為我喜歡，做這些事讓我感覺很棒。」但是如果繼續探索為什麼他們覺得很棒，會出現類似結果：「當我進行這項活動時，覺得自己朝氣滿滿、完整，不像平常的我。」

追求靈性是為了去除我們的分離感，並成為某個「整體」中的一部分所採取的行動——可能是整個海洋、整群足球愛好者、整個禮堂或整個運轉的星空。（當然，人類為了「感覺良好」而做的某些事情可能會造成可怕的傷害。但是，即使是最邪惡的行為，例如暴力、虐待、破壞，仍然根源於試圖得到釋放與平和的感覺。）這些看似非理性的行為，世界上絕大多數的人根本趨之若鶩，就算要跋山涉水也願意興沖沖地去體驗，他們這麼做的目標只有一個：讓自己在宇宙中有家的感覺，並將這種感覺帶回日常生活中。

生命之始

當我們還是嬰兒或小小孩的時候，如果發展順利，我們在很多時候都能感受到絕對的安全和開心，這種安全和開心的感受與母親的手臂、身體、微笑和擁抱有關。慢慢地，這些感受也會很快擴及到家裡的其他東西、後院、父親深沉的嗓音和遊戲時光，也許還有兄弟姐妹。

我們的生命始於萬有的整體性中的一小部分。之後，不知怎的，由於現代生活的強迫和剝奪，我們與這個整體性的距離開始變得越來越遙遠。我們並沒有時常受到扶持，也沒有時常受到滋養，言語文字開始取代事實，我們的成長脫離了對大自然和愛的直接體驗。**然而人的內心始終渴望回到自己的世界，或與周圍的世界融為一體。**

靈性——也就是覺得自己與世界合一，且猶如在自家般自在——是我們人類身體和心理健康的關鍵。問題是，即使生活中充滿許多雖然世俗但又帶有靈性的活動，由於我們的忽視，因此無法充分運用那些活動帶來的益處。一個男人與他的伴侶做愛，感覺可能就跟吃漢堡一樣普通，沒有任何意義或深度。他對靈性一無所知，只是為了做而做，他將自己的身心關閉到夠用就好的程度。實際上，他可能對發生性行為時所體驗到的強烈情感感到害怕，並想要用行動來消除自己對伴侶的深愛所產生的不安感，或是想用行動來消除他自己的脆弱感。

在《男子漢》一書中，討論了一件令人震驚的事：大多數男性在與伴侶進行性愛時，認為射精的快感還不錯，但他們其實從來沒有達到真正的性高潮。他們的身體太緊張，太在意自己的表現，因此所有感覺就只局限在身體的一小部分，也就是性器官那裡。他們不願屈服，也不願敞開自己去體驗那一丁點可能會有的感受。從A片到主流電影中所描繪的性高潮，都是由以上這些經驗有限的男人所演出，他們呈現的性高潮比較像是種糟糕的便祕！

我們因為「感覺良好」所做的任何行為／活動隱藏了一個問題，那就是如果不了解做這些行為／活動真正的目的何在，那麼就無法從中獲得真正的益處和新觀點。我們精神不濟、不夠敞開、不夠臣服，而且我們從中學到的東西不足以讓靈性的效果延續。帶著這種神聖的意識做愛，所獲得的感受與上段所述相差了十萬八千里，這樣子的做愛就好像兩個人都在喚醒古老的創造力，並在彼此之中與星辰融為一體，他們的動物性自我被釋放，大肆享受親密感、信任感和很多的歡笑。

凡事都可以是神聖的

我們做的任何事情都可以是神聖的，都是在開啟生命的力量。讓我們以衝浪為例，即使是尚未覺醒的年輕人也會把衝浪當作一種極樂的活動。他們願意開好幾小時的車並在寒風中等待，就為了再次體驗那種極樂的感受，儘管在浪頭上只有短短幾秒鐘的時間也願意。**當一切都在流動，自我就瞬間消失了。**

可惜的是，我們不太了解如何更全面地去欣賞衝浪這種極樂的活動，年輕的衝浪者也可能會錯過它真正的意義。我有個年長的朋友製作了一部關於衝浪的電影，然而這部電影在他兒子意外去世後才完成拍攝。他在原始的電影版本中引用了一句話：「生命是在浪費時間，而衝浪是浪費時間的絕佳方法。」我不得不反駁這句話，因為生命不是在浪費時間，年輕人最不需要的就是被誤導到虛無主義的領域裡。我的朋友內心深處其實也知道這點，在走過喪子之痛後，他將人生投入於衝浪的救生世界中，持續培訓年輕後輩。其實，他比自己胡謅的那段話要更了解真相是什麼——**我們來到此大千世界就是為了彼此，說生命是浪費時間實在是大錯特錯。**

那麼宗教呢？

哲學家艾倫・狄波頓相信，之所以會有那麼多靈性實踐、靈性儀式、神話之類的事物，是因為我們的記性很差，完全忘了要持續連結人類更高意識的經歷，才會因此從合一的完整世界中滑脫，並深陷在其中一小部分裡。因此，我們會去崇拜、慶祝或參加私人、公眾的活動以便喚回那種整體合一的感受。宗教試圖編纂、組織我們與神聖事物間的持續連結，因此大教堂的設計經常類似於壯闊的森林空地，我們會看見頭上方有陽光照射進來，還有無敵高聳的梁柱，牆壁和天花板上也彩繪著超凡脫俗的生物。宗教試著進行一項看似不可能的任務，那就是設置一個環境，讓人可以記得那種「合一」所帶來的難以言喻的喜悅，並讓這股喜悅得以重複且恆定不變，宗教數百年來在某種形式上還是對人類提供了幫助。

幾年前，我參與了畢生以來最大膽、但也最有可能失敗的計畫，那就是帶領澳洲三百個學校和社區團體，在首都坎培拉的湖邊創建一個將近五百公尺長的藝術作品，這個計畫預計為期四年。這不是普通的藝術作品，而是為了紀念在澳洲沿海地區發生的政治性爆炸事件悲劇中，所喪生的三百位難民母親和兒童。在那四年裡，我常感到恐懼、不安，但是我發現，聆聽當地聯合教會傑出牧師的講道，能恢復並強化我的勇氣，並讓我堅信自己目前參與的計畫是正確的。

我就像我們這世代大多數人一樣，發現傳統的基督教形式令人難以忍受，也因此遠離了教會數十年之久。但是，和其他我所知道的教會講道相比，當地聯合教會分享的行動主義和教規似乎是更加勇敢大膽和謙虛，而這把我逐漸吸引回教會。如今，我和澳洲國內的政治浪潮、嚴重的仇恨和偏見反其道而行，牧師的講道讓我重新與一個傳統連結，也讓我明白自己這麼做是正確的。這個傳統就是：**讓我明瞭我自己的舒適度並不重要，即使我很渺小也沒有關係**。為難民爭取正義是一項靈性上的行動，我的勇氣與平靜就是來自於記得這一點。

制度性宗教中充滿了恐懼，長久以來它就一直為騙子所挾持和利用，以掩護他們的惡行。（耶穌最後到達耶路撒冷時提出的主要訊息恰巧就是，譴責那些將自己國家賣給殘酷的帝國滅絕主義以獲得利益的宗教人士。）而今天，這種情況依舊上演著，像是美國很多立場偏右派的企業就發現基要主義[5]一派已熟成可獲，還是充滿現成易受騙者的集散地，可以系統性收集起來作為政治飼料。其實每種信仰都有類似的事件發生，儘管如此，良善的人不會輕言放棄自己的信仰傳統，當他們因個人局限而陷入困境時，依然會透過理解和實踐自身的信仰以跨越困境。這樣的信念能帶領許多社群展開靈性之旅，並告訴大家：「每個人都曾走過這個迷宮，你並不孤單。」

涉略各種信仰——新的靈性精神

人要進行靈性練習的主要方法有兩種。我的朋友大多選擇獨自一個人進行，這邊試試、那邊學學，例如去參加佛教靜修、認真修習瑜伽，接著又跑去信奉凱爾特基督教（Celtic Christianity）。我對他們是既羨慕又嫉妒，因為我也曾在生命中的某個階段經歷過這些。這是一種自然、健康的泛神論，可以讓你擺脫僵化教條的陷阱，也能擺脫當今西方許多宗教的負面形象，像是好戰、偏執和戀童癖。制度性宗教對許多人來說聲名狼藉，和有組織犯罪並列為令人不舒服的事物，很多人寧可敬而遠之。

因此，我們選擇用自己的方式進行靈性練習，這當然具有完整性，而且結合了豐富的靈性傳統。然而，這種「自學型的靈性」缺點在於，我們的小我不會受到挑

5. 譯註：二十世紀初期的美國教會，有一些自稱保守的神學家，曾出版一系列宣傳他們的神學思想的小冊，取名為《基本要道》，往後他們的神學主張便稱為「基要主義」。

戰，正因為我們可以自由選擇，所以常會停留在舒適圈。這樣並不好，可能變成一種靈性上的自助餐，我們會缺乏真正的投入、深度或凝聚力。

不過，現在世界各地有股新潮流興起，部分原因可能是迫在眉睫的氣候災難讓各方力量集結了起來。大家注意到，最優秀、勇敢的社運人士通常都有宗教背景，他們本來就有與強權對抗的悠久歷史，而且也不怯於自我犧牲。比方說，許多基督徒對於毒害社會甚深的超級資本主義很熟悉，因為這可說是羅馬帝國的翻版。

無論是錫克教徒還是貴格會教友，有信仰的人都知道彼此之間有著共同的連結。固執己見的宗教信徒，往往認為要去區分出「我們」和「他們」，因為只有自己的信仰才是真理。然而，只要半顆頭腦還清醒的人都能看出來，建立宗教的創始人（這些直接連結宇宙奧祕的人），其實都深具包容性，他們平等看待每個人的人生道路以及他們自身的人生道路。每位宗教創始人心裡都沒有「宗教」這兩個字，教條的存在可能是為了維持資訊傳遞而出現的錯誤嘗試。在靈性上，每條道路最終都通往同一座山頭，否則那就不是真正的山了。**如果你的信念是二元分立、黑白分明，那絕對不是來自上帝的；上帝不會區分「我們」和「他們」。**

我希望人們在未來能涉略各種信仰，並參與不同的宗教活動，當作是對空虛的世俗主義和帶有偏見的宗派主義，所做出的反叛之舉，但是，我希望大家在文化和身分上依然認同自己的傳統習俗。原住民就知道文化滅絕的危險——如果你將自己的獨特性倒入河流中，你獲得的仍是整條河。所以，我們必須好好的延續、保存自己的文化傳統啊。

我之所以是基督徒，因為這是我的傳承，也是出生時的巧合，而不是因為我認為它比其他任何信仰都要優秀。它的種種過失和暴行讓我感到恐懼，但我不會放棄它，也不會輕易讓那些利用宗教的右派投機客得逞。《新約》所傳遞的訊息是人類歷史上的一項躍進，是第一個真正以同情心為核心並珍視每個世人的宗教，創立當年更是為婦女和奴隸服務的宗教，可說是個小奇蹟。可惜的是，眾多基督徒早已落入隨意評判和排斥他人的困境中——這既是天主教的詛咒，也是新教徒一千個分裂教派的詛咒。（在蘇格蘭，有個關於遇難船員的老玩笑，當救援人員趕到時，他們發現此人已經建造了兩座教堂：其中一座禮拜用，另一座則是避開教條用。）天堂從來就沒有二元之分，一切都是合一的，沒有人會被趕出去。如果你發現自己對任何人都不寬容，請往自己的內在探索。

幸福喜悅的生活是過著一種共同的生活，而我猜想如果要實現真正的自由，我們所有人都需要信仰。

但是，如果在森林健行對你也有同樣的效果，我覺得這也不錯。「休閒娛樂」[6]是我們用得很順的一個詞，但是請暫停一下，想一想這個詞到底是什麼意思。「重建」自己除了能進行修復之外，每次進行重建也是個新的開始，一個全新的你。

關鍵是讓自己的所作所為神聖化，讓你正在做的事具有神聖的意圖與神聖的覺知。當你帶著覺知並反覆進行，任何一項日常活動都可以達到這個目的。定期進行靈性練習是切實可行的，你就像是在建立一個倉庫，一個可以抵抗恐懼、苦難、道德挑戰、軟弱、殘疾等所有困擾我們生活事物的地方，並讓你得以雙眼炯炯有神地面對挑戰。你所要做的就是告訴自己：「除了食物、住所、運動、歡笑和愛，我的靈性層面也需要得到餵養和灌溉。」只要願意照做之後就會發現，生活變了——一開始是輕微地改變，然後是完全地轉變了。你的人生將因此走上截然不同的道路。

開竅之人

人生中經過多次搬家和旅行，我仍保留了幾本愛不釋手的書籍，我很驚訝其中有不少是關於自然之旅的書：安妮・迪勒的《汀克溪畔的朝聖者》、姜戎的《狼圖騰》、娜恩・雪柏德的《山之生》、布萊恩・卡特（Brian Carter）令人驚嘆的小說《黑狐奔跑》（A Black Fox Running），還有羅伯特・麥克法倫的所有著作。但最令人難忘的是彼得・馬修森的《雪豹》，這本書可說是近乎完美的旅行文學，因為他理解我們所進行的每一次旅程，都涵蓋了內在與外在兩個面向。

我懷疑《雪豹》的作者並不是個追求靈性之人，甚至也不是特別受歡迎的人。閱讀過程中，對年輕時的他的印象是傲慢、脾氣暴躁，甚至很折騰人；但他有一種誠實感，這對他是大大的加分。「靈性」並不是容易寫好的主題，因此我會花些篇幅講述他的故事，以便讓你了解他的經歷。

結束某趟旅行、剛回到紐約家裡的馬修森，打算去找女友（後來成了他的妻子），卻發現三名禪宗僧侶站在她家門口等著。他看到這場景大為惱火，這些人是誰啊？他當時和黛博拉的關係出了點問題，好幾個月沒說話了，意外與這三位奇異的訪客相遇，令他感到尷尬和困惑。後來他得知，其中兩位年長的和尚在他走後，搖了搖頭，嘆了口氣說：「可憐的黛博拉！」

但馬修森是個善於觀察的人，三名僧侶的印象深深地烙印在他心裡，揮之不

6. 譯註：recreation，英文字面上可做重建、再創造解。

去。等到他撰寫《雪豹》一書時，不僅成了佛教徒，而且還是佛教與西方文化碰撞下，最優秀的編年史家之一，他的著作也影響了數百萬的讀者。

當年短暫的相遇，馬修森到底在這些身形嬌小的僧侶身上看到了什麼呢？他是這麼形容的：

八十四歲的安谷白雲老師是個輕盈、雙眼凹陷、有對招風耳的人。我剛得知，他那天早上大部分時間都在做倒立。在他身旁的是中川宋淵老師，身形嬌小、喜悅，顯得非常地放鬆但同時也很警覺，他就像一隻暫時停止不動的燕子，散發著不可忽視卻又含蓄的能量，看上去比他實際身形龐大許多。

即使是隨侍在旁，擁有「厚實臉蛋和武士般堅忍精神」的年輕和尚保鏢泰山，也「散發出那種內斂的力量感」。

馬修森注意到了一些確實會在人群中脫穎而出的個人特質，稱為「臨在感」。這些人遠離家園出現在長島街上，不知為何他們的存在感就是莫名地很強烈，我猜想就算是搭公車或上廁所，他們也帶著相同的力量。他們的心智在他們的身體裡，他們的身體處在當下，他們的平靜就是來自長久以來所養成的習慣。對他們來說，「超越舒適圈」這件事並不存在。不到幾星期，馬修森就開始學習禪修了，他恨死禪修，然而這通常是有望繼續深造的徵兆。最終，他臣服於自己狂野的衝動，徒步橫越了卡梅爾山脈（Carmel mountains），前往塔薩哈拉（Tassajara）禪中心，以佛教僧侶的身分接受訓練。

這是我們關於靈性的第一課：靈性會顯現出來。靈性能從根本上改變一個人，而且這個改變幾乎人人可見。依據人類的動物本能，當某個人過著合一的生活時，我們不僅會知道，也想成為那個樣子——擁有那種發自內在的平靜。

靈魂渴望的目的地

各個宗教在成為一種潮流或機構之前，幾乎都是建立在個體尋求直接的神祕經驗的基礎上，也許我們現在應該回歸到這一點。耶穌、佛陀、穆罕默德，以及人類歷史上無數的薩滿和神祕主義者，都讓自己根植於神性的接觸，並讓神性支配自己在世上的行動。每個人都可以進行靈性練習，如果我們了解靈性修持真正的目的是什麼，即使在沙灘上散步也可以是種深奧的靈性練習。

馬修森對自己的靈性修行表示自嘲與謙虛。關於「禪」他寫道：「要是不提那些令人喘不過氣、把眾多真誠尋道者逼瘋的神祕經文，到底何謂『禪』似乎沒有比較明智的說法。」但是接下來，他也非常清楚地解釋道：「**禪，是指心智時時刻刻的覺醒**。」沒有什麼比覺醒更複雜的了！

在《九頭龍河》（Nine-Headed Dragon River）的前言中，馬修森再次提到這個觀點，而他的這段文字我也記住了一輩子：

禪一直被稱為「宗教之前的宗教」，這個詞喚醒了我們童年時期對自然的信仰，那時天堂和燦爛的地球是合一的。但很快地，孩子清澈的雙眼就被想法、觀點、先入為主的觀念和抽象概念所籠罩，簡單自由的個體就那樣被沉重的小我盔甲所覆蓋了。幾年之後，我們會本能地發覺，那個讓我們得以覺察奧祕的重要感知消失了。陽光穿透了松樹閃閃發亮，美麗卻又奇特的痛楚瞬間刺穿了內心，宛如記憶中的天堂景象。

痛楚刺穿了內心，你是否曾有過那種感受呢？（這也是身體再次向和我們發出訊息，是來自生命泉源中心所產生的真實劇痛。）處在青春期的我有時候會感受到那種痛楚，我還誤以為那是極端孤獨所造成的。雖然某方面來說也沒錯，但它也是個門檻。如果你覺得自己的生命遺失了某些東西，那麼一定真有什麼東西遺失了。感受到這股痛苦的那一刻，開啟了一扇回家之路的大門，你渴望著回到全地球有如熱鬧、友善的一家人的時光，在那裡無論鳥類、動物、植物和天空都歡迎你回家。

我自己的孩子就受到了身體長期疼痛的影響（發生在意志稍微薄弱一點的人身上，可能會導致憂鬱、成癮或更嚴重的行為），他從小就對窗外灌木叢中的鳥類，或是一隻在我們山間農場上盤旋的老鷹很有感覺。他感受到一股親切的溫暖，彷彿這些鳥兒是鼓舞人心的朋友。許多人在面對動物時也跟我的孩子有著相同的反應，若從這樣的心情出發，要慢慢把萬物都當作家人並不是難事。

那種難以形容的渴望所造成的劇痛，可能令人感到畏懼，我們也許會藉由胡亂投入某些活動來加以逃避。然而，這股劇痛實際上是我們身上那套小我盔甲表面所顯現的裂痕，我們不該逃避，反而應該去「追隨」它們帶來的啟示。當我們看見海灘、看見霧氣籠罩的森林，或看見遠處夜空中快速移動的雲彩，在我們內心所引起的感受，其重要性應該無須我多言；我們心中突然產生創作音樂、藝術或寫作的衝動亦然。這些感受是你自己的靈魂在說：「跟隨我，好好探索自己。」

馬修森繼續寫道：

那天之後，每一次呼吸的深處，都有種充滿渴望的空洞感。我們在不知自己尋求何物的情況下成了探索者，剛開始，我們渴求比自己「更偉大」的東西，某個遙不可及的東西。這不是回到童年，因為童年不是真正開悟的狀態。然而，正如一位禪宗大師所說的那樣，尋求自己真實的本性是「一種引領你回到久違家園的方法」。

請注意，他說的是「剛開始」。因為我們會逐漸意識到，自己與所尋求的東西更加接近了，它其實一直都在我們身邊。

這也是我們關於靈性的第二則訊息：你的內在已經有鑰匙了，就是那種難以言喻且令人費解的渴望。那是一種肉體上真正的疼痛，驅使你急切地用性愛、各種癮頭，或者任何其他強迫性的生活選擇來填補，像是過度工作、汲汲營營於成功和各種享樂等。最後你又回到原點，再次感到虛空。你該做的是與那股渴望好好相處，在超越痛苦、孤寂、欠缺目標或意義的感受之後，就會迎來真理；那些苦痛是真理的鏡像反射。愛、意義、目的、平靜就在那；**你之所以有所渴望，是因為你知道它就在那裡。**

對許多人來說，浪漫愛情似乎是體驗神性的一種形式。這個問題非常棘手，愛情所帶來的禮物——愛和被愛的喜悅、與另一個人交融的感受，還有做愛時的性狂喜——年輕人特別容易將這些與「戀愛對象就是掌握自己幸福的人」的概念混淆。

我們應該先稱讚年輕人，願意在這個冷漠、將他人視為工具的世界中，以如此開放的態度放下自己剛強的個人界限。然而，我們這些大人應該要清楚知道，愛情是情侶才能一起通過的一扇門，或說是情侶才能一起點燃的火苗，**我們幫助彼此從中體驗到神性，但並不是彼此的男神或女神。明白兩者的差異，我們才能抱持著同理心，堅定地與一段關係中顯露的人性弱點交手，這才是穩固婚姻或感情關係，並且不斷成長之道。**在感情關係中不要「造神」的祕訣就是，一開始就不要把對方當成男神女神看，也不要讓其他人把你高高地放到神龕上。

羅伯特·布萊在他的《人類黑暗面的小書》中指出了這一點。男人可能在擁擠的房間裡瞥見某人後就被迷住了，這不僅僅出於欲望，還有一種對方宛如是女神的感覺——她說話、甩頭的方式都令人著迷。不過，這裡面通常還帶著一種更崇高超然的感受，他警告說：「永遠不要追隨、崇拜她。因為她是你自己內在神聖女性的投射，任何女人都不應該背負你的這種期望。」如果把這完美的女神形象投射到一個平凡女子身上，不僅會傷害她，也會傷害你。

他建議，可以獨自去海邊待個一星期、在山林間漫步或拿起筆記本並開始書寫，深入挖掘自己的內在。內在有一部分的你需要關注，因為已經被你自己忽視許久，甚至可能快要死去。但是，一旦你嗅到那個被忽視的自己所發出的氣味之後，你就必須跟隨它往下探索。別誤會，這並不是對人類靈魂伴侶的渴望，事實上也沒有這樣的人存在。你和伴侶可以成為很棒的朋友，但是**只有你自己可以成為自己靈魂的伴侶**。這和尋找迷失的自我有關。

讓我們在此暫停片刻，允許你的心隨著那股渴望軟化、疼痛，並感受所有的渴望，那個回到久違家園的渴望。花些時間，輕鬆地覺察這股渴望，感受它（以免它溜走），是很值得的。因為這地方（你久違的家園）一旦被發現了，就可在此生活得越來越久，你也會開始在這世界和生活中感到輕鬆自在，而且能完全地做自己。這並不容易，但方法非常簡單。到達這個境界的方法就是停止冒冒失失地行動，然後靜待它的到來──來到當下。

走向靈性

彼得・馬修森和我的用意，都不是叫你去信奉禪宗或其他任何特定的信仰，每個人都有自己適合的門道。基督教和中世紀的神祕主義者都知道這門道，伊斯蘭教的蘇菲派、猶太神祕主義以及世界各地橫跨史前的薩滿們也都了解這點。每個原住民氏族或部落都有毛躁又自大的年輕勇士，他們由睿智的男人或女人管控、教導。如果你覺得無神論的神祕主義更適合你，那也行。

即使我們不好意思提靈性這個字眼，每條靈性道路的實際方法和目標始終是相同的——活在當下。馬修森寫道：「練習禪修，意味著時時刻刻覺察到自己的存在，而不是讓生命因惋惜過去或對未來做白日夢而瓦解。」因此，這是我們的第三個訊息：請提防任何偽裝成宗教的資本主義商品。所有宗教最終的目的都只有一個：去除個體的分離感，並進入生命核心。馬修森也說，「宗教不過是另一個應該要拋棄的執念，就像『開悟』、『佛陀』和『神』一樣。」

分離感的消失可以解決人類的痛苦，比方說，自殺是出於最絕望的孤寂，而暴力是出於尋求和平的可怕衝動。我們之所以痛苦，是因為我們感到自己與生命疏離。然而，從中解脫的方法始終存在。當我因為電視或臉書上看到的資訊感到焦慮不安時，會到花園散散步或是為蘿蔔除草。我可以從土壤的觸感中獲得寧靜，大腦也會開始形成一種回饋反應。

放下的恐懼

請不要認為這種合一感或臣服，會從你身上奪走任何東西。我們生來如此，我們的個性、洞察力、獨特的思維方式、才能和貢獻、痛苦，以及我們付出龐大代價所學到的教訓都值得慶祝。我們生來就是要在世界上跳著自己的舞步。但與此同時，我們也像小草般，在風中低頭，而來自宇宙的美麗、正義，會隨著我們與其他獨特的有生命和無生命之物，和諧相處的過程中出現。這是我們的第四個訊息，也是最後一個。**你是分離的個體，你不是分離的個體，兩種說法都正確，它們只是出現在你的四層樓豪宅中的不同樓層罷了。**每條河流、每條小溪都如此獨特，因此千里之外海洋中的鮭魚都可以聞到自己家鄉的氣味；但是，河流能夠重返大海肯定也是感到欣喜的！

以這種方式活在當下，並不是要你頭腦放空和消極地「靜止不動」。我們那內在的寧靜中心其實是充滿活力的地方，那裡是創造力、好點子、勇氣、健康以及發明力的發源地，但它們之所以出現，是因為寧靜中心本身的完整性和提供了適合的環境；有時它們甚至不費吹灰之力地就出現了。活在當下，是出自我們對所有生靈的關愛，應運而生的行動。

禪修是通往靈性山岳的訓練營，這可能會吸引一些人。但是我認為，一行禪師所講授的方式比較符合我們大多數人的日常生活——教養、工作、家務、婚姻，處事行為等。

在越戰最慘烈的年代，出生在南越的一行禪師是位年輕、專注、擁護人權的出家人。他招募了成千上萬的年輕人，一起修復這場戰爭對村莊和城鎮所造成的破壞，並建立醫療機構與儲備醫護人員，也靜靜地反對雙方的暴力行為。他的同胞常常被殺，最終他不得不逃離這國家。一行禪師於一九七六年來到西方，是他說服了馬丁·路德·金恩博士出面反對越南戰爭，金恩也提名了一行禪師角逐諾貝爾獎。一行禪師是個害羞的男人，他說話的聲音宛如耳語一般，但是他有種我們難以理解的堅強。透過一點一點地累積，他最終取得了成果。

因此，請務必了解一件事，靜心冥想不是要你脫離世界，它與成為世界上一股強大的力量並不相互矛盾。實際上，靜心冥想是讓你變得很有效率、不倦怠的原因。這意味著你會沒有敵意、沒有分離感，而且總是能因敞開心胸而贏得人心。

靜心冥想簡易指南

達倫已經六十九歲，即使退役四十五年，他的外表依舊像軍人般修長、健壯。他的雙腿交叉盤坐、雙手放在大腿上、背部挺直、雙眼閉著，他帶著皺紋的臉龐也很放鬆。

他並非總是這樣的。從越南回來後，他酗酒酗到離婚，而且有段時間還無家可歸。稍微穩定下來後他再婚了，然而所有惡習再次襲來，他有自殺的傾向，並斷斷續續地接受心理治療。他的第二任妻子和三個繼子女陪伴在他身邊，心理醫師和各種藥物壓制住他的狀況，但也僅只是壓制住而已。有一天，他跟著所屬的退伍軍人團體，參加了一個靜心冥想課程。這不是特效療法，但顯然很有幫助，而且效果是累積的。此外，瑜伽課程加上一些心理工具，也緩解了他心中那些糾纏不清的噩夢，這幫助他和同伴進入了一種完全不同的生活。

我一直都會遇到擁有這種人生故事的人。有位患有慢性背痛的年輕母親告訴我：「如果沒有靜心冥想，我無法活到現在。」一個十幾歲的女孩用靜心冥想來對抗強烈的焦慮症，她也幫助身邊的朋友學習它。有在課堂上做過靜心冥想的小學生，發現那是他們一整天上學時間中最棒的時刻。

我們經常聽到「靜心冥想」這個詞，也總認為自己了解那是什麼，甚至很快認定它不適合自己。靜心冥想早已從寺院中僧侶和女尼們的修煉技巧，轉變成心理師們廣為傳授的第一線治療方法。

一九七五年，醫學和心臟病學教授赫伯．班森寫了一本突破性的書，也是第一本以簡單的方式為西方讀者描述靜心冥想的書籍——《哈佛權威教你放鬆自療》。他稱靜心冥想為「放鬆反應」，這或許仍是最好的解釋，因為強調了靜心冥想的目標。放鬆反應是你的大腦從本質上停止攪和時，身體所進入的狀態。

我們的大腦很驚人，根本就是時空旅人，大腦不僅可以記住很久以前的經歷，也可以非常詳細地想像未來的種種可能性。這非常好，但也是個大問題，因為要是放任大腦不管，它就會開始胡思亂想，例如重溫八百年前的爭執、焦慮某個看似迫在眉睫但可能永遠不會發生的意外，或一直在那些你根本沒有置喙之地的事情打轉。

這是因為大腦的情感區域無法區分哪些事物是真實的，哪些是想像虛構的。如果你想像自己正在喝檸檬汁，你的嘴巴就會真的嘶起並感到口渴；如果想起很久以前的爭執或侮辱，你的腎上腺素就會分泌，血壓也會上升。簡而言之，你那調皮如猴子般的思緒在你醒著的時候，幾乎都在說可怕的故事讓身體處於壓力中，而這會使你處於永久性的焦慮狀態。

靜心冥想是由智者設計，一種阻止思緒擾亂身體的方法。即使是快樂的想法也會帶來一定程度的緊張和壓力，因此只要我們仍在思考，就永遠無法全然地平靜。在靜心冥想中，你讓大腦有件無害的事可以做，就像你開車經過冰淇淋店時，趕快塞玩具給孩子分散注意力一樣。

然而，靜心冥想和一切靈性事物，都被添加了太多的神祕色彩。如果你坐在一個陽光明媚的地方，俯瞰花園或海洋，甚至只是坐在家中的壁爐旁，最終都會停止思考並開始平靜下來。只要結束那些陳年爭執，放開對未來的恐懼，平靜就會找上門，而靜心冥想只是直達那裡的一個技巧。當然，一旦開始，靜心冥想就成了一趟前往更深處的旅程，最終你會進入自我完全消融的狀態，並與世界萬物合為一體，克服所有的小我煩惱和恐懼。

在世界各地所教授最簡單、最有用的方法就是，坐在舒適的地方並數息，一吸一呼，同時注意呼吸時的感受。這需要溫柔且耐心的態度，因為不到幾秒鐘你就會開始胡思亂想，你只需要安靜地重新開始即可。就這樣而已。

一兩分鐘之內，一旦你掌握了訣竅，放鬆反應便會來到你體內。你將體驗到舒心的肌肉舒緩感，以及外在煩惱、擔憂的減輕。呼吸將變成一件非常感官的事情，空氣猶如海浪般在你的身體周遭上下滾動。一旦平靜來到後，請盡可能地享受它。

靜心冥想會重新設定你的身心，隨著一天的開啟，冥想的效果會持續，並改善周遭所發生的事情，這效果可能持續半小時，或者來來去去，又或者持續一整天。靜心冥想為你那事管放鬆的油箱先加滿油，放在一旁備用。不妨觀察靜心冥想是如何改變了你的一天，雖然效果最終都會消散，但是你可以隨時隨地進行靜心冥想予以恢復。卡在車陣裡、在銀行等待叫號，或是聽無聊的朋友說話時都可以進行。放鬆反應就像是誘引一隻蝴蝶停在你的肩膀上，你無法強迫它，但是如果你能如如不動，蝴蝶終會停下來。

我本身是個極度焦慮的人，所以如果我做得到，你也可以。我會選個安靜的地方坐著，像是我家牧場後方的花園；如果天氣冷的話，就改坐在我家能迎接第一道陽光的窗戶旁的地毯上；也可以是旅館房間的手扶椅上，任何地方都行。保持背部挺直，如果你可以盤腿坐在墊子上，那可能是個理想的選擇，因為這會對你的身體下達一個訊息：「我正在靜心冥想。」坐著的時候，你的身體可以左右來回微微擺動，這很舒服，也會讓你更加覺知自己的身體。

坐定後，我自己設定了一些小流程，好幫助我順利「達到」寧靜的狀態。我會先聆聽遠處的聲音，例如鳥兒的鳴叫、割草機的聲音，或者遠處的車流聲。每個聲音我只會分別注意幾秒鐘，然後就繼續聽下一個。之後，我會轉為聆聽附近傳來的聲響，例如冰箱的嗡嗡聲或屋簷下的風聲。然後我聚焦到更近的地方，也就是當下的身體內。

以教授靜心冥想聞名的作者艾力克．哈里森（Eric Harrison），他的著作和教學內容都簡單易懂。他建議大家先長長地呼氣兩、三次，這會暗示你的身體開始進行靜心。有些人會發出「OM」的聲音三次，這可以給你的大腦一點刺激。等一切準備妥當之後，開始數息[7]，一、二……自然呼吸，當你數到三時，重頭開始。

大多數書籍建議數到十或五十，但多年來，我只要數到二，思緒就開始游蕩。我把這件事告訴了艾力克，他笑著說：「你知道嗎？十年來，我從不曾數息數超過六。」因此我把數息的目標訂為三。然而這些都沒關係，冥想和成就無關，別太為難自己。

你唯一需要採取的態度，就是對自己溫柔仁慈，也許你冥想時進行了三分鐘狂野的性幻想，那也沒關係，好在你注意到了。永遠不要找自己麻煩，你只需要溫和地重新開始即可。不過有個技巧確實有幫助：當你仔細注意進行吸氣、吐氣的肌肉時，會注意到吸氣、吐氣的轉換點，這是很微妙的感受。你的胸腔和腹腔有自己轉換呼吸的方式，透過注意到這點，它可以吸引你的注意力，你停留在當下的時刻也會越來越長。

你的思維會跳躍，但更深沉的內在（心跳以及血壓、免疫反應之類等更細微之處），將開始變得穩定、舒緩。放鬆反應產生時，你的呼吸會變得平順、柔和、深沉，你感到溫暖與平靜，覺得自己好像被慈愛的父母抱在懷裡搖動。

那種寧靜平和的狀態就是你要去的地方，哪怕只有一瞬間都很棒。靜心冥想的目標不是冥想本身，而是冥想的效果，它可以改善接下來一整天的狀態。它至少都會持續一段時間，並隨著你的自我覺察而延長，這將使你處事的反應不再那麼煩躁或倉促。有個我很喜歡也覺得很有幫助的效果是，它似乎可以減緩時間流逝的速度，讓你有更多時間思考自己的話語、注意內心的反應，以及多出了一個空間，讓

7. 譯註：即「一呼一吸」數一。

你有機會選擇如何說話、行事，也能把你跟周遭事物拉出一點距離。你也會對自己和他人更加寬容、友善。而這就是你的自然狀態，這就是壓力解除之後的你。簡而言之，我們在現代生活中幾乎時時處於極速運轉的狀態，我們也認為這麼做是必要的，而靜心冥想會讓我們回到身體和大腦該有的運作模式。

除此之外，你的功力是會增強的。你練習的每一秒都有回報，你正在建立「回到當下」這個狀態的神經通路，這些神經連結也會變得更強壯。之後甚至連注意到手碰觸門把的感覺，或者水槽中溫暖的肥皂水，都是在重新訓練你的大腦。

靜心冥想將成為你的良師益友，面對生命帶給你的難題，也能提供補救措施。它是一種心靈的柔術，把你肩上承受的痛苦和困難甩開，使你感到快樂和平靜。

幾乎每個剛開始冥想的人都會注意到一件擾人的事，大腦像隻躁動不安的猴子，一下急速跑進舊有遺憾的森林、跑進記憶的灌木叢、在憂慮未來的懸崖上跳躍，或更糟的是，跑進「瞎拚」之旅、晚餐煮什麼，或思忖某人在臉書上說的話等等。這些都不是靜心冥想所引起的頭腦活動，而是它打開了一扇窗，讓你突然了解自己的大腦一直以來都在忙什麼。

這些跳躍的思緒對內心的寧靜與工作效率都沒有幫助，也不會帶給我們喜悅。我們唯一擁有的喜悅，就是當下；我們唯一擁有的愛，就是當下。（事實上，愛的定義就是你擁有某人全心全意的關注，這也是我們如何感覺並知道愛存在的方式。）最後，我們唯一擁有的影響力就是當下。因此，請務必好好善用它。

親愛的讀者，你可能有家庭／家人需要照顧，打從睡醒睜開眼，就需要你打理、關照他們，或是上班時也可能有很多工作需要你處理；你可能也得認真處理私生活領域中一些棘手的事情。活在當下，聽起來就像建議你去荒島度假一個月一樣。怎麼可能啊？

然而，就算只是淺嘗「活在當下」的影響也很有用。舉個例子，你是否注意到自己最近常會出些差錯？可能是鑰匙丟了、煮飯切到手、因絆倒或滑倒受傷、把車撞凹了、忘了重要事務而壞了一整天的心情？更糟的是，你與身邊重要之人（孩子、伴侶、親戚、商業夥伴）的互動出現越來越多爭吵，而且進展不順利？活在當下沒有我們以為的那麼夢幻，實際上是指認真投入、把事情都做好。

「當下」亦是非常重要的境界。即便生活再混亂，你也能處在當下，就像戰鬥中的武士一樣——全然地存在、全然地專注、全然地平靜；你能在幾秒內做出正確的決定。你曾經處在這樣的境界裡：醫生花時間陪你，找出問題所在；你的愛人純然地關注你，溫柔且深情地與你連結。你早就經歷過這些境界，只是不常罷了。

學著活在當下，你的生命就會轉動。不要因為覺得這聽起來很困難就感到失望，那是因為以前沒人教你該怎麼做。全然地透過所有感官去感受，這項能力就像一條內在肌肉，是可以透過鍛煉變得更強壯。這個練習會隨著時間累積，而變得更容易。臨在感是種一直很容易被認出來的獨特屬性，也是自古以來就存在的觀念，人們會開始注意到你的存在。**你會發現人際關係更明朗、工作更容易完成、錯誤更少發生。如果你正在尋找伴侶，你會開始發現潛在的伴侶對你有著更大的吸引力。**沒有什麼比擁有某人全然的注意力更性感、更迷人的了。因此，我希望我說的一切已經得到你全然的注意力了。

而這個讓你的大腦從分心狀態回到覺知的途徑，幾乎可在任何地方進行。這種平靜的感覺就像是雪花在你體內飄落，所有肌肉都鬆開了一樣。生活不斷地讓我們快速轉動，所以只要一有機會，我們就應該要讓自己慢下來。

一行禪師建議把當前的覺察（也就是正念），轉換為小任務開始建立起。他建議你把諸如洗碗、刷牙、洗澡擦乾身體等，選為日常儀式。進行時請專注在那些感官感受上，例如溫暖的肥皂水、毛巾的質地，如果可以的話，也請更溫柔、緩慢且愉悅地擦乾自己的身體；只要養成習慣，就能讓你的每一天煥然一新。這些都是從你身邊快速繁忙的生活中，竊取而來的瞬間，它們是珍貴的小天堂，只要逐漸擴展小天堂的數量，你的生命就能從汲汲營營中解放。

這棟四層樓豪宅永遠都會幫你度過最艱難、無聊以及困惑的時期。它的主要規則就是先下到一樓，注意感官細節，從你碰到、看到和聽到的事物開始，到內在細微的刺痛、痠痛、拉扯、肌肉動作和皮膚反應。只要想到就做個一、兩回，你會逐漸覺察到有什麼是需要改變或調整的。你會逐漸意識到這些時光有多麼獨一無二，往後你在開門或停在紅綠燈前的時刻，都變得跟以往不同。你甚至不再是以前的你；每個時刻都不同。

你每次練習回到當下，就是在建立神經系統的轉化。靈性就像是條可以強化的肌肉，你逐步在自己具有可塑性的大腦中建立一條高速公路，去擺脫雜亂的心智回到當下，直到它成為你的自然反應。你想要的話也可以參加靜心冥想僻靜營，或是走趟西班牙朝聖之路，它們最終還是會把你帶回一切的原點：如何活在當下。

至於態度上，請嘗試多多感恩吧。你吃了美味的食物、有熱水洗澡、有自己的牙齒、你很安全、有溫暖的床可睡，去好好覺察以上這些事物，這些都是很值得感恩的。謝謝乾淨的旅館房間、謝謝飛機安全著陸、謝謝熟悉的舊茶壺、謝謝陽光閃耀的廚房窗戶。

藉由把日常瑣事變成回到當下的儀式，那種處在當下的臨在感就會開始大量湧入，而你也會希望一直處於這種狀態。你很快就會對過去那種忙盲茫、行屍走肉般的生活感到難以忍受，不會再讓自己繼續這樣活著了。

你也會開始讓自己變得更放鬆。備受眾人喜愛的加拿大詩人奧爾登・諾蘭（Alden Nowlan）四十多歲時罹患重病，經過數個月治療仍沒有起色，在生命接近尾聲之際，他對大海產生深深的著迷。於是他離開家，住到海邊一間小屋裡，每天花幾個小時就只是凝視著海水、遙遠的島嶼，以及來來去去的雲朵和飛鳥。他說，這讓他感受到一切都是永恆的，感受到自己的渺小，而這個想法為他帶來了極大的平靜。然後他康復了。

如何知道事情會出差錯？

幾年前，我有個驚人的發現：每一次我都會草草完成某些「為做而做」的事——因為很無聊，於是我急著完成它，以便處理後續更重要或更有趣的事——結果常常就出了差錯。

有時候是個微小但令人抓狂的錯誤，有時候是完全搞砸了的大錯，還有時候我甚至需要因此跑醫院一趟。當你執行某項工作，但心裡希望這工作能早早完成時，往往反而要花更長的時間去完成，甚至是重做。

生活中有百分之八十，都花在必須要做的瑣事上，我們覺得無聊、沒生產力或微不足道，因此每天都有很多「心不在焉」的機會。例如我在花園挖土的時候，若是覺得熱也不會停下來脫毛衣，因為這樣我的進度就會慢下來。我是如此地「心不在焉」，因此連自己其實很熱都沒察覺到！但是，我確實注意到自己討厭挖土，我想也不會有其他動物對這個工作感興趣。有個佛教故事講述了一個男人在林間小徑旁，汗流浹背地砍著一棵樹，不過他的斧頭很鈍，所以根本沒在樹幹上留下痕跡。有個好心的路人看到，就告訴他斧頭太鈍了，對此男人大聲回道：「我沒時間，你滾開！」

親愛的讀者，我覺得你應該不需要這個建議，但是對我來說，這有助於我覺察自己想草草結束工作的心態，覺察到自己這麼做會壞事，甚至出嚴重差錯。關鍵就在於做瑣事時能轉換心情，專注並樂在其中。

振作起來

關於靈性，我們最後需要了解的就是，它很難，不適合懦弱的人。在過去，為了追求靈性生活，古人會住在在大西洋島嶼上的石屋裡；耶穌則是在炎熱的荒野中挨餓時，體悟到了自己的命運。（等時機成熟，他走向自我犧牲之路，挺身反抗羅馬的經濟霸權和瀆職的神職人員。）甘地、馬丁・路德・金恩，以及數百萬無名的改革領袖就像他們一樣，知道他們的靈性行動會讓自己處於巨大的危險中。這也是舉世聞名的「坦克人」精神，在發生可怕的大屠殺之際，他被拍到以肉身擋在天安門廣場一長排巨大的坦克車前。他的身分和命運也許永遠不為人所知，但他做了比自己的生命更重要的選擇，想必那是種無比榮耀的感覺。

靈性之所以困難，是因為它是幫助你儲備能量去面對生命中不可避免的艱困時刻。不妨來讀讀佛斯特寫的這首詩吧：

你會失去一切。
你的金錢、權力、名望、成功，甚至回憶都會失去。
你的容貌會消失、摯愛們會死亡、你的身體會凋零。

看起來永恆的一切都是無常，且遲早會粉碎、隕滅。
經歷將逐漸，或不那麼逐漸地消失，剝奪一切可剝奪之物。
覺醒意味著睜開雙眼面對現實，且不再轉身離開。
如今，我們站在神聖的聖地上，
為那些即將失去但尚未失去的人事物奮鬥，
並了解到這是邁向無限喜悅的關鍵。

如今，你生命中的所有人事物都還存在，沒被帶走。
這聽起來似乎微不足道且顯而易見，
請真正地明瞭這是一切存在的關鍵、理由和方式。
無常使得你周圍的一切和每個人變得如此神聖與重要，
值得你痛心地去感激他們。

隕滅已把你的生命變成了祭壇。

你聽見／看見／感覺到他在說什麼嗎？**準備失去你所愛的一切，這就是生**

命。**但是，請運用這個知識在生活中做點什麼吧！**靜心冥想周遭的事物、逝去的每一秒、你所關心的一切，有一天都會損壞和死亡，這些隕落會自然發生，你也不需要假裝。珍惜周圍事物的感受，會因為你了解生命的真理（準備失去你所愛的一切）而被強化，像是你那不完美的配偶、奮鬥中的孩子、你那笨拙的生活，以及四面八方環繞著你的整個自然世界，都會變得更加清晰。一切都變得光亮而完美，你也不會想再多要求什麼。

還有最後一件事……

許多人在靈性上犯了兩大錯誤：他們認為靈性僅是個人事務，並認為靈性的目標是超越平凡的生活。這是個可怕的誤會，也造成現今許多宗教人士享有優渥的生活，身旁卻滿是貧窮和不公。

個人的幸福只是一項副產品，而不是靈性的目的；實際上是恰恰相反。你之所以將根深深扎進大地的原因很簡單，因為這樣你就可以把樹枝伸展到高處，抵禦狂風暴雨，庇護你周遭的生命。眾所周知，樹木是生態系統的守護者，因此能當個像大樹一樣的人實在是太酷了（而不是根淺又脆弱的白菜）。知道自己是萬物的一部分，意味著你在乎一切，如果世界上某個地方的孩子過著充滿痛苦和恐懼的生活，你會坐立難安。你是與萬有合一的，而且處於永恆的寧靜中，但是你不會停止關心一切，你會一直在尋找讓世界變得更加公正的方法。不會引領人做出行動的靈性是虛假的，那些在災區供應食物的志工，即使這輩子從未吟唱經文，也比我們都更接近神。

第四層樓向天空大大地敞開，因此不得不把你的小顧慮進行客觀的審查，這麼做可以讓你免於承擔巨大風險，免於犧牲自己或變得過度勇敢。隨著父母身分的出現，它會讓最安靜的母親或父親為了捍衛自己孩子或手足情誼，而成為凶猛的野獸，宇宙也會釋放出最強大的能量和力量協助他們。也許我們人類可以不再繼續當被圈養的動物，而是個偉大神性的彰顯。最終，我們或許也可以成為一個與萬有合一的人。

靈性反思小練習

1. 閱讀本書前，你會說自己的生命中有著靈性層面的嗎？
2. 如果你的回答是「沒有」，那麼，在讀完本章所進行的一系列討論後，你是否會考慮將靈性練習當成生活的核心呢？
3. 你通常在何時或何地最能感覺到自己的界限變得柔軟，並且喜悅地與更廣闊的宇宙融合為一？本章認為靈性是我們人腦深層的核心操作系統。沒有它，我們人類就無法正常運作。
4. 你是否注意到自己的靈性感受發生了變化，並超越了你其他的優先事項，或者它解決了你在其他心智樓層或生活中遇到的困難？
5. 你是否偶爾會在生活中發現自己生氣蓬勃的時刻，並且想要每天都處於這樣的狀態？

Chapter

– 9 –

做真正的自己

Being Fully Human

本書最後的部分融合了前面所有關於超感知和四層樓豪宅的內容，希望能幫助你從我們這個被奴役的時代中獲得自由，並建立起心智更健全的生活與心智更健全的世界。

讓我們從一個簡單的問題開始：你覺得自己需要什麼條件才會感到快樂呢？你可以試著完成這個句子回答：「我只有＿＿＿＿＿＿時才會真正地感到快樂。」也許你只有一個答案，但我想對許多人來說，這會是一張很長的清單。找個時間把這份清單寫下來是很值得的，你會注意到自己為自己設定了什麼樣的人生賽局。

大多數人會自然依據他們所處的人生階段給出答案，常見的答案有：

- 找到一個最棒的伴侶結婚時
- 找到一份體面的工作時
- 擺脫不幸福的婚姻時
- 房子付完貸款，我們可以好好去度個假時
- 孩子都讀完大學時
- 退休，等我的生活只屬於自己的時候

●解決氣候異常的問題時
●中了樂透時

某些人的回答則是非常特定的狀況：

●我女兒停止吸毒時
●丈夫離開監獄，並過上正常的生活時
●伴侶從癌症治療中完全康復時

一旦這些條件被滿足了，我們就會告訴自己，終於可以輕鬆呼吸並好好享受生活了！有誰能指責一個病危孩子的父母帶著可怕的憂慮和悲傷度日，直到知道孩子能恢復健康了呢？就算我們的條件是更日常的目標，例如尋找愛情、謀求職業、獲得財務保障等，把自己的精力集中在追求這些目標上又有什麼不對的？

事實上，對於這一點我還有其他看法。很久以前，某次在美國旅行時，我在科羅拉多州的一家小書店發現了一張明信片，至今我仍隨身攜帶著。這張照片是在一間老舊小木屋的窗邊拍攝的，原木窗框敞開著，外面有座看似喜馬拉雅山的險峻山脈，還有一些開著小花的植物爬滿了地板。明信片上面寫著：「沒有通向幸福喜悅之路。幸福喜悅本身就是道路。」

幸福喜悅本身就是道路嗎？這個想法你的超感知一秒就會同意，而你的邏輯腦則會先遇到一點衝擊。因此，就讓我們順勢進來看看你為何覺得衝擊吧。我有一些來自西非的朋友，在他們的文化中從沒說過「再見」，他們會說：「上帝願意，（我們）再相見。」在那充滿危險的地方，人們自然不會把一切視為理所當然。但奇怪的是，這些朋友是我認識的所有人中最會笑、最有生命力，以及最熱情奔放的人。他們是不是知道某種保持生氣勃勃並繼續奮鬥的祕密呢？全球正在發生的結構性種族主義、不平等、環境災難等，使得數十億人生活於水深火熱之中，我們急需面對這些並挺身奮戰。如果說幸福喜悅就是我們的道路，那麼為他人奮戰也是一種幸福喜悅嗎？會不會先為他人付出，才是獲得個人幸福的正確方法？這是不是生命延續的真正生存祕訣呢？

歷史上大多數人都理解這點，而且「遲來的幸福」這種想法對人類來說並不自然。它建立在封建時代被曲解的基督教教義上，也就是在描繪遙遠的未來，在天堂獲得永生的想法。這讓當時的人民變得能夠容忍眼前的奴役和貧窮，並期待著「來生的回報」。

當代哲學家和心理學家如今對「追求幸福」是個有價值的目標一說，產生了嚴重的質疑，因為我們現在知道，情緒的本質是短暫的。**幸福快樂很重要，但你無法抓住它，就像蝴蝶一樣，它會飛來並停在你肩上**。我們想要一種更堅實、更深沉的東西，一種超越事物當下發展的滿足感和目標感。誰會希望自己的內心活像雲霄飛車般翻滾起伏呢？

潘霍華（Dietrich Bonhoeffer）是第二次世界大戰時期，一位年輕的德國牧師，他逃離納粹的掌控且逃到了美國，但是也因為自己遺棄了同胞，而感到非常難過，於是他回到德國並組織了一場反抗運動。不可避免地，他最後被捕入獄，並在戰爭結束的前幾天遭到殺害。根據他的著作和書信，他當時明顯是處於平靜的狀態，並對自己的生命選擇深感「正確」。他與你、我一樣都是血肉之軀，但是他已明白某些事物。內心深處，我們真正想要的是「整合為一」。讓我們四層樓豪宅的所有樓層——我們的行動、我們的情緒、我們的思考和邏輯都朝著同一個目標前進，一種深沉的幸福感會因此產生。這就是「道路」，也就是走在正確道路上的感覺。**幸福來來去去，但深沉的平靜是可以建立與強化的，我們絕對可以努力達成這一點。**

我們的祖先幾百萬年來沒想過要更進步，沒有將生命視為一種力爭向上的比賽，而是將生命本身視為一種美麗。他們明白生命是個循環，大自然本身就清楚地說明了這點：春天總是緊隨冬天而來，然後是夏、秋兩季。太陽、月亮起起落落；老人去世了、嬰兒出生了。如果要說我有什麼遺憾，那就是我花太多時間去實現某些想像出來的目標，為了虛假的緊急事件而煩惱，我一路上錯失了太多的快樂以及連結。如今上了年紀，我放下了對年老的恐懼，疾病和死亡的恐懼穿越了我，因此今天的我能夠靜靜地坐著欣賞小孩子玩耍，欣賞空中飛過的鳥兒。即使我離世很久了，我種的樹還是會開花。**「生命依然繼續著」本身就是件好事，這也就很足夠了。即使生命在宇宙中轉瞬即逝，那也是種寧靜的狂喜。**

研究報告如是說

「幸福快樂」是當今心理學研究的主要領域。研究人員已經確立了一件事，那就是**「幸福或不幸福與環境完全無關」，這實際上是種性格特徵，換句話說，這是一種心智習慣。**我們每個人身上都有各自的幸福感原始設定，但這些設定對我們生活中發生的事件其實並沒有多少影響力。一個脾氣暴躁的人要是中了樂透，幾個小時之內就會恢復到脾氣暴躁的狀態，而原因可能是獎金課稅的問題。一個性格開朗的人如果發現愛車在停車場被人刮傷，他也只會把這意外當作「生活瑣事之一」的來面對。又或者他們的房子被燒毀，他們當然還是會很難過，但是很快就能振作起來，保持樂觀的態度與對未來的願景繼續過生活。

我們大多都認識一些總是顯得幸福快樂的人，我們喜歡和他們在一起。他們不是在假裝，也不是在虛張聲勢。他們是真的樂觀，並且總是願意去嘗試、做自己、不會擔憂太多、對不重要的事也不屑一顧。他們是怎麼辦到的呢？

我唯一的姐姐名叫克莉斯汀，她溫柔、喜歡手工藝品、喜歡動物，也喜歡小孩子和大自然。從三十歲初，她就患有多發性硬化症，直到六十歲去世。她努力地在一個小型的休閒農場養育兩個孩子，過著精彩的生活，當然這也多虧了社區大力支持，以及澳洲優良且近乎免費的醫療系統，同時她很幸運地有一位好丈夫。她的生活依然不容易，最終她告訴我，她很渴望盡快經歷這一切的苦難並死去，因為身上的病症讓她很累了。但是自患病以來，這三十年間我姐姐可是從不自怨自艾。你問她身體怎樣、過得好不好，她會很誠實地告訴你，但很快地她就會將焦點移到你身上，並詢問你的生活過得如何，而且她是個很有同情心的好聽眾，到最後你會忍不住把自己遇到的麻煩事都告訴她，她對每個人幾乎都是如此。在人生某個階段，她重新選擇自己的幸福感設定，那就是實事求是地保持積極樂觀。因此，她的生命到最終都是一座燈塔。

脫軌的文化

我們每個人都有獨特的生命歷史，需要「客製化」的關照才能找到對自己有害的部分。我們必須消除童年時期學到的錯誤認知以及不必要的自我限制，最終才能獲得自由。

但是，並非所有錯誤認知和限制都是如此私人的。如果整個社會，也就是建立了數百年的文化，有著內建的精神官能症，讓我們對生命存在著根本的「誤解」那該怎麼辦？它還導致數十億的人因此誤入歧途，並遭受不必要的苦難。連文化本身也可能受到創傷，並偏離理智與平衡，我們的文化當然也有這情況。當今世界上最大的集體錯覺，就是對如何找到幸福快樂的誤解。

以下是四個幻想出來，關於「幸福快樂」的說法：

1. 有個地方叫做幸福快樂。

2. 幸福快樂在未來。

3. 如果你努力工作，如果你領先其他所有人，那麼你就可以得到幸福快樂。

4. 犧牲生命中絕大多數的東西來換取都是值得的，因為只要一旦到達目的地「幸福快樂」，你所有的問題都會自動解決。

我猜至少有百分之七十五的人會贊成這四點，並一輩子都如此相信著，這是存在於西方文明中的主要神話。然而，這些都是完全錯誤的觀念。

我們亟需改變這項社會賴以生存的謊言。數以百萬計的人一生都在做自己討厭的事，而不是做自己真正喜歡的，因為他們的目標是擁有豐碩的銀行存款、豪宅、環遊世界、無憂無慮地提前退休，或是以上各個項目的不同排列組合。但是，他們錯過了他們的當下。

英國哲學家艾倫．瓦茲（Alan Watts）在他最受歡迎的演說中曾描述了宇宙是如何運作的，這對於我們要成功地在這裡生活是不可或缺的知識：

> 存有，也就是物理宇宙，基本上是非常頑皮、愛玩的，而且對它而言完全沒有什麼是既定的。它哪裡也不去，也就是說，它沒有可供抵達的目的地。了解它最好

的方式就是透過音樂，因為音樂作為一種藝術形式，本質上就是一種嬉戲。我們會說你「彈／玩鋼琴」（play the piano），而不是你在操作鋼琴（work the piano）。

為什麼音樂不同呢？就拿旅行來說，當你旅行時你正努力「前往某個地方」……但是，在音樂中，作曲家創作曲目的重點不是為了曲目的最終章而作。如果這樣的話，最優秀的指揮家應該是指揮演奏速度最快的人，以及只寫最終章的作曲家了；而我們去音樂會也只是為了聽最後氣勢磅礴的那一個音，因為那就是演奏的終點。跳舞時，你不會瞄準房間內某個特定的點，然後認為那就是你這段舞蹈應該到達的地方，因為跳舞的重點就是「跳舞」本身。

當瓦茲講到這一段概念的時候，聽眾應該早已默默地恍神，不自覺地開始思考一些問題：這對我的生命來說代表什麼呢？我忘了玩耍、跳舞嗎？還是，他在說生命應該像跳舞一樣，心裡是沒有一個終點？還是在說人生應該有更多的樂趣，這樣才能維持工作效率？

跳舞確實有其目標——它有美感和舞步，並且與音樂以及舞伴融為一體，而且跳舞還可以促進健康和長壽，也帶有某種社交目的。跳舞也像是一種放下的過程，讓自己或成千上百的人同為音樂節奏的一部分。它不是沒有目標，而是比起結果，更專注於過程。瓦茲的說辭不是在贊成混亂或沒結構的生活。跳舞是一種紀律，但它也是一種放下；做愛是種舞蹈、談話是在跳舞、園藝是在跳舞，就連教養也是在跳舞。設計一輛汽車或一座城市，領導一個國家實現和平也是在跳舞——這樣說來我們好像也「到達」了某種境界。不過，別急著下結論，瓦茲先生還沒說完呢。接下來的這段話，對於我們如何過生活有著重要的洞見，特別是對那些撫養孩子的人來說。他描述了當今社會是如何灌輸兒童知識，認為那是種透過學校教育和職業發展來大規模催眠兒童的過程，而且還帶來了可怕的影響。

然而我們的教育並沒有把「存在的嬉戲本質」帶入日常中。我們的教育系統反倒給了大家截然相反的印象，全部用分數來評斷優劣。我們在做的就是用「來來來，小貓咪」的姿態，把孩子放進了分級系統的長廊上。你現在要去念幼稚園，懂嗎？這可是件很了不起的事喲，因為念完你就可以升上一年級了。然後，加油！一年級念完二年級，依此類推，然後你離開小學，進入中學，接著很快就有大事要來——你上了大學！然後，啊一聲便進入研究所，當你取得學位之後便進入社會。你可能進入保險業，他們有配額需要計算，而你就要去做……事情一件接著一件地發生，那個你所追求的偉大的事物與成功終於降臨了。

然後，你在約莫四十歲的某一天清醒過來：「天啊，我做到了，我達成我的目標了！」沒多久你就開始覺得這跟往常的生活沒什麼兩樣……看看那些為了退休而活並死存錢的人吧。等他們六十五歲退休時，已經沒剩下多少體力，也多多少少變得有些無能為力，然後待在老人社區中等死。因為我們整個人生過程中一直都在欺騙自己。我們用旅行和朝聖來比喻生命，朝聖的目的性很強，它就是要抵達目的地：成功，或其他目標，也許死後要上天堂。但是我們一直以來都忽略了一點，人生是場音樂劇，當音樂響起時，你就應該唱歌或跳舞。

他的最後一句話讓人心酸，因為等到那音樂戛然而停，就為時已晚了。你如果在生命的最後才了解到這一點，那也會是一生中最可悲的事。我們傾盡一生追逐錯誤的事物，錯過或忽略了生活中平凡而美好的快樂——陽光、鮮花、動物、充滿愛的伴侶、孩子、朋友、海灘，直到某天你突然明瞭這一點（如果有那一天的話），但這時早已浪費了大好生命。

你也是這個樣子嗎？還是那是某位你認識的人？你的父母？你的祖父母？你成年的孩子？人類真的是這樣在生活嗎？如果改變這種生活型態，那我們又會變得如何呢？

你可能會說：「要是所有人都活得像嬉皮，沒人工作、沒人挖礦、沒人建城市、沒人培訓醫生、沒人駕飛機，那麼這個完美的烏托邦世界是能持續多久？誰來養活你？」這麼說也對，我們不像舊石器時代的祖先克羅馬儂人那樣，有大批野生動物可供獵捕食用，也沒有廣闊無人居住的土地供我們四處遷移。

我們必須小心翼翼地引領自己走出這混亂的文明殘骸。但是，至少我們可以從庸庸碌碌中抽離，並從「擁有越多就會更快樂、更安全」的假象中抽離。在探索更好的方法的同時，我們可以擺脫過多的文化束縛，去過不那麼符合社會框架的生活。只要這麼做，我們就能在陽光下重拾笑容，愛護和珍惜我們周遭的人事物。這不是說當今文化一無可取，我們可以保留有益的東西，並將其調整為可持久的事物。只不過現代文明是建立在混亂和過載之上，我們變得麻木，只有擁有更多我們才會感到滿足。

這也是你的超感知和四層樓豪宅一直在告訴你的事：你真正想要的是什麼，你真正需要的是什麼。在寫這本書時，我自己也實際運用了書中的種種練習和教導，一直放下想做很多事情的衝動。這是段有趣的時光，有時，隨著身體的欲望，我會一動也不動地坐在花園裡，靜靜看著鳥兒和天空，任由時光流逝。我很驚訝地發現這麼做的感覺有多棒。我也可以選擇飛到國外去度假、爬山、參觀名勝古蹟，即使如此，這些都還是沒有坐在自家花園裡的感覺好。

有時候，我去散步或運動不是為了特別的目的或出於習慣，單純只是因為那是我當時最想做的事。我的肌肉似乎在告訴我：「用我們吧！」抑或是聽到大自然的呼喚，或室內的某本書籍或影片在呼喚我。有時候，寫作的衝動會讓人變得超有生產力、有條理，並且活力充沛，讓我一個小時接著一個小時地努力寫稿，完全沒注意到時間的流逝。我由衷希望這本書可以幫助其他人，但至少目前它對我很有幫助，而這就是個開端。

不努力是有生產力的

活在當下，並不是指你會發現一切都停了下來。而是突然間，你不再以速度、效率來模糊自己的生活，或只是粗略地瞥見自己存在的表象。「處在當下」讓你對生活的覺知度提升了五倍。其帶來的感受既辛辣又甜美，刺激卻又輕鬆愉快，所有感受一氣呵成的同時發生，像是一種「在寂靜中跳舞」的感覺。

還記得當你第一次愛上某人，第一次真正碰觸到對方所感受到的那股電流嗎？那是因為你全然地「在那裡」，腦中什麼都沒想。那種強烈的感受是隨時唾手可得的，你可以愛上自己的生活；即使生活存在著苦痛，但，那仍然是種生活，仍是種舞蹈。

寂靜就像座噴泉，萬事萬物都在那裡發生。普立茲獎得主安妮．迪勒曾經從另一個角度詮釋了這段話；她說，**去大自然中坐著，處在曠野之中，總會有事發生。**造物主的本質就是持續創造，也讓它為你創造吧。

如果你拋下自己身上的壓力，或是拋下你給孩子的壓力，這麼做並不會讓人生分崩離析。實際上，情況恰恰相反：它會引領出一種非常踏實、富有創造力且健康的平衡。生活依然繼續前進，而且朝著更好的方向發展。你發現自己仍可持有意圖和方向，但是它們不再是強制性的。你將與自己的生活共舞，並相信自己的內在、孩子的內在和伴侶的內在，都是和諧與良善的。有些孩子不上學反而學得更好。揠苗無法助長，即使只是朝這個方向走了小小幾步，也能恢復些許理智。實際上，這可說是最好的進步方式。要擺脫「總有一天我會快樂」這種破壞性的觀念並不容易，但是你的身邊會有股力量陪伴你——你保持了自己的動物性，而身心系統也正努力地幫助你。你要做的就是深度地傾聽與追隨這些訊息，大腦藉由與周遭世界互動，自己就會開始自動整合。

放下，調整頻率

新冠病毒全球肆虐導致一切停擺，當數百萬人只能待在家裡時，有趣的事開始一一發生。脫離了大千世界中的生活煩惱，有些人度過了一段美好的時光。我向自己臉書上來自世界各地的家長詢問時，得到了各式各樣的回應。由於要照顧工作和孩子的需求，有些人度過了糟糕的時光，特別是家裡還得變成一間每天運作八個小時的教室。但是，也有很多人發現自己很享受這段時光，生活步調不但變慢了，家庭關係也變得更親密，時間似乎出現了一種平時沒有的節奏與流動。

享受這種樂趣的關鍵似乎在於釋放平時的壓力，尤其是對孩子來說，那種要「領先」、不要「落後」或「堅持比完全程」的壓力。有些善良勇敢的校方也會對家長說：「學校功課現在沒那麼重要」、「青少年只需要花個一、二小時做基本習題即可」。態度上的轉變開始了，這種「放任」可能對每個人的整體健康都更好。「看似沒在學習但實際上有所學」的狀況，比以往硬塞一堆課程對孩子更實際也更有意義，這能讓他們學習跟人生有關的課題，更能幫助他們有創意、找出志業，成為擁有自我動力的成年人。

另外，現在心理勵志圈有種被廣為人知的方法是「寫感恩日記」。在每天入睡前或早上醒來時，必須寫出五件你要感謝的好事。這是非常簡單的大腦重塑，去覺察自己所擁有的，而不是自己沒有的，同時誠懇地去寫，很快地就會讓你重新連結到更好的遠景上。這很重要！我們每天都被行銷手法瘋狂轟炸，其目的就是要告訴你沒有什麼東西，來讓你感到痛苦，這同時也是在向你植入「不滿足」的程式指令。

幸福喜悅畢竟只是一種感受。情緒的自然本質就是高低起伏，更重要的是，幸福喜悅是偶然降臨的產物，就像計畫完成時，或情況獲得控制時體驗到的感受。你可能常聽到這樣的話語：「我們擁有的很少，但我們有很多的樂趣……當孩子還小的時候，我們出去玩是不可能照旅行計畫跑的，只能隨機應變。」如果你是較年長的人，應該也很能理解這個說法：「我那時其實很開心，自己卻不知道。真希望我可以回到過去。」自從我明白這一點後，就開始訓練自己，當快樂來臨時，我會讓自己知道「我很快樂」、「我開心得不得了」。我正在一條鄉間小路散步，太陽從雲層中鑽了出來，孫子在我前面跑過了一片開闊的草原，鳥兒從我的頭頂飛過。又或者做完愛，靜靜躺著，皮膚酥麻，心跳急速；好了，就算要我現在死去也沒有遺憾！我明天要去看醫生，但是，那是明天的事。生命中真實的陰影使幸福喜悅變得更加強烈。當你終於能感謝一切事物的本來面目，就不會再追求完美了。

痛苦是生命的一部分

既然痛苦是無法避免的，我們該怎麼處理，才不會讓它變得更糟呢？一九七〇年代美國有兩位知名的靜心冥想老師——史蒂芬和翁德烈亞・萊文夫婦（Stephen and Ondrea Levine）做了件驚人的事。他們為正在經歷巨大悲慟的人成立了免費的電話諮商服務，而且還親自上陣接電話，他們把這當作是服務世界的方式。他們在著作《開在邊緣的會議》（Meetings at the Edge）中提到，與來電者合作的成果就像是「在地獄中敞開心靈」。他們相信也證實了，最不討喜且最糟的情況就是我們必須經歷嚎啕大哭、感受怒氣、釋放怒氣、恐懼顫抖等過程，才能穿越一切抵達彼岸，才能真正去愛，並平靜下來。說穿了，就是運用我們的四層樓豪宅。

有個來電者正值青春年華的女兒被綁架、虐待，並被殺害，他們夫妻承受了多年的痛苦，女兒受害的細節在腦海中上演了數千次。然而漸漸地，透過與萊文夫婦談話，他們意識到一個簡單的事實：他們的女兒只經歷了一次痛苦。那是個令人無法想像的痛苦，但它是有限度的。好爸媽會同理自己的孩子，並且不斷設身處地著想；然而，這是個會讓人不小心陷入的天然陷阱。他們不停重溫女兒在世時最後幾小時的恐怖時光，並認為這就是身為父母需要給她的愛。但是這無濟於事，既不是緬懷女兒的正確方式，女兒也不會希望看到他們這樣。於是，他們慢慢解開束縛和悲傷，也開始能想起女兒生前喜悅、溫暖以及活潑的樣貌。

從出生到死亡，我們所有人都會經歷很多次強烈的情緒痛苦。為了擁有幸福和喜悅，我們也必須擁有悲慟和傷悲。如果我們頑固地拒絕悲傷，只會感到憂鬱沮喪而已。

悲傷跟海浪的起伏模式很向，人類的原始設計就是能夠處理這種情況。我許多病患的轉變也都符合這些描述：先是歷經失落崩潰，過了一星期或一個月，他們發現自己被笑話逗得大笑，或是正在享受一頓大餐帶來的喜悅。他們突然反省起來，這種喜悅恰當嗎？我笑是被允許的嗎？我覺得快樂，是被允許的嗎？我要告訴你，你做這些都是允許的，而且這還是治癒自己唯一的方法，你所要做的就是隨著悲傷的波浪起伏。正如心理治療師謝爾登・科普（Sheldon Kopp）所描述的：「我們問上帝『為什麼是我』？上帝回答：『為什麼不是你呢？你完全可以承受住它的。』」

我們需要彼此

心理自助書籍常犯的錯誤，就是倡導我們可以獨自完成療癒。然而，這從來就不是人類設計運作的方式。我們是氏族，而不是個體，一個孤獨的人不是個運作單位。

有時候，太多生活上的痛苦實在令人難以單獨承受。我們的內在小孩一直都在感受事物，也都需要一個鎮定又堅強的人來照顧，並擁著內在小孩度過最糟的情況。我們需要他人，這意味著你有能力並且願意信任一些能「掌握」你情緒的人，他們不會感到驚慌，也不會不安到需要設下屏障。

心理學方面的任何學術培訓都無法賦予你這種能力，但是生命事件可以。我曾經告訴我的受訓者：「除非你遭受過痛苦，否則你對任何人都沒用處。」你必須從內在了解真正的痛苦是什麼樣子。（我們遇到的許多醫學專家似乎在培訓中都缺乏這項重要能力，這使他們變得無情而傲慢，成為他們的病患是種非人性的折磨，也是種創傷。）生活是艱難的，「有一天一切都會好起來」的想法通常也難如人意，我們必須適應種種可能性，儘管如此，我們仍然能歡笑、去愛。

美國著名海軍軍官詹姆斯・史托代爾（James Stockdale），被北越囚禁並拷打了七年之久，最後才被釋放。詹姆斯發現了一個矛盾的情況，也就是那些抱持著「一切都會好起來」，「我們要在聖誕節或復活節前離開這裡」的同袍囚徒都沒有挺過去。在那些特定的日子過去後，他們便放棄了希望，在北越那種惡劣的情況下，他們通常都死了。詹姆斯牢記著自己可能永遠都不會被釋放；然而，他也沒有放棄生存的意志，而是為此而努力。他拒絕讓其他人決定他的心境，至今，他依然健在。

藉由遵循本書的想法，你可以為自己的生活帶來巨大的轉變，但，這是否可以解決你的問題呢？可能不會。**你愛得越多，你的悲傷也會越多。重點在於，即便你知道如此，你是否還願意敞開地活著呢？**如果願意的話，很多的歡樂將會湧現。我們生來如此啊！

四層樓豪宅將帶你抵達那裡，快搬進去吧。在日常生活中，請經常看看自己是否可以更加覺察身體，聆聽身體出現的細微感受，看看它是否隨時都對周遭事物起反應。讓你的內心經歷深度的悲傷和哀慟，經歷恐懼帶來的顫抖，然後放下它。讓你的內心感受正氣之怒，然後採取堅定、有耐心的行動處理它。讓你的內心突然發覺自己快樂著、享受著，同時也讓你的內心好好想清楚，並不斷提醒自己是眾生萬物的兄弟姐妹，他們愛你，而他們也是你。繁星編織著你，也會引領你回去。我們都只是草原上的一陣風，不多，也不少。

關於作者

當你剛開始閱讀本書時，一段寧靜的過程會在你的腦海進行。某部分的大腦會試圖想像作者，並想要弄清楚他到底是誰。他是否有足夠的智慧讓我學習呢？他是否有良好的動機和誠意，還是「只想寫書賺錢」呢？書是種對話，你會想知道自己正和誰聊天。

我是人夫、爸爸和爺爺。多年來，我在世界各地工作，但我家在塔斯馬尼亞島上的一個小社區。我們生活的塔斯馬尼亞島是個不錯的地方，安靜而且生活步調緩慢，我自己也是如此。我很感激能生活在這樣的地方，可以在大海裡游泳，也可以在廣闊的天空下出遊。

我擔任心理諮商師已有四十多年，有時會與情況很糟的人們一起工作。工作中給我的主要收穫，是對人類同胞的欽佩，看到他們一路努力克服創傷和痛苦，同時保有仁慈且永不放棄。

我的工作讓我對當今社會的愚蠢感到憤怒，因為那大多是邪惡的根源。然而，為了繼續奮戰，我也學會了堅守源自內心的喜悅和美麗。在我的職業生涯和個人生涯中，我學到創傷可以摧毀我們，也可以讓我們成為摧毀他人的人。與此同時，創傷也會撬開我們的內在，讓我們「在地獄中敞開心扉」，進而變得更有愛心、更有活力。那些經歷豐富的人通常就是那些看見真相也不怕說出真相的人。你必須活得有價值。

還有一些你該知道的事。幾十年前，我在吃午飯時和一位精神科醫生朋友聊天。談話中，他問了我一堆問題後，臉上突然出現了擔憂的表情。他說：「你應該知道吧？你有亞斯伯格症？」這話讓我的記憶庫發生了一場無聲的雪崩。

我的童年是在風大的約克郡海邊度過，從來沒人知道我有亞斯伯格症。我只是以為自己很害羞。作為一個五歲的小男孩，在開學第一天，我就認為學校教育不適合我，所以立刻走出校門回家。發現我偷溜回家的那一刻，我母親臉上的表情真是讓人永生難忘。

一個小男孩的生活並不複雜，就是玩耍、大喊和奔跑，我也熱愛我的生活。但是到了青少年時期，社交技能變得更為重要，而我就是無法找到與人相處的訣竅。我看到每個人都在做「對話」這檔事，而且看起來很有趣。在那個年紀，學校女生每個都像女神一樣，一個女生的笑容就可以照亮你的人生。我每每試圖與她們搭上話，但是都不得要領；而遇到對我有好感的女生，我偏偏又讀不出她們釋出的訊號。

我的生命可能會因為這狀況而變得很糟，就像許多年輕的生命一樣，但有兩點我很慶幸：有充滿愛心的父母養育我，還有那些能看見我善良心地的優秀老師、社工人員等，他們竭盡全力地包容我。在我看似無家可歸時，他們為我找到住處，還幫我找到一份令人難以置信的工作——幫助其他陷入困境的孩子。我因此受到啟發，回到學校繼續學習，成了一名心理諮商師。

如果你像我一樣，很難理解別人在想什麼，那麼心理諮商是個很好的職業。隨著時間的流逝，我終於了解到大多數人本能就知道的一件事：談話的規則就像乒乓球或網球一樣，要一來一往。你說了些話以後，要等其他人回話。偏偏我不懂這項規則！亞斯人通常會因為感知到對話出現縫隙，而感到恐慌，然後就會不斷地講話想要填補那縫隙。還有個叫做情緒的東西，它會在人們的臉上顯現出來，並告訴你該如何就其予以回應，這我也不懂。

我知道我必須學習，並且要快快學會，因為每天在候診室裡等待的都是陷入痛苦的家庭，以及前途堪憂的孩子。當我的朋友們都在買房、買車時，我反覆走遍世界各地，在治療界尋找最優秀的人並坐在這些大師的腳邊學習。我發現自己的身心狀態，可以輕易地適應這些大師的生活態度和方式，我也不懂為什麼，但我就是可以。

為了找到「如何成為完整的自己」的最後一塊拼圖，這尋尋覓覓的過程似乎釋放了某部分的我。請不要以為我在吹噓胡扯，今天的我是可以站在容納一千多人的禮堂前，讓他們聽得欲罷不能，而這也成了我目前的主要工作。我寫的六本書擺在四百萬個家庭裡，讀者似乎都很喜歡。我已從一個孤獨的局外人變成了個有能力的人。

我堅信，我們可以預先學習這些知識，學習家人相處之道，而不必等到婚姻破裂或孩子步入歧途等痛苦發生，才試著亡羊補牢。

透過寫作和現場演說，這兩者引領我到許多國家分享，我遇見了許多來自不同文化的人，從過著原始生活的原住民到身價上億的都市新貴，場合從最慘烈的悲劇到最鼓舞人心的工作坊都有。這些我感興趣的主題，也引起了許多人的共鳴。我喜歡傾聽和學習，建立真正的連結我是可以辦到的——我太常遇到計程車司機跟我說著說著，就哭了的情況。

我的生活在最近有了一種新的自由，儘管它被虛弱和死亡逼近的陰影所遮掩。這道陰影可說是既新鮮又令人振奮。去年夏天，我在大水氾濫的河流彎道上划獨木舟，看到不遠處有棵倒下的大樹擋住了水道。我瘋狂地試圖轉向，但是因為水流太湍急，獨木舟撞到了樹幹邊，幾秒鐘內我就被水流吸住往下帶，同時，我也奮力地把身體拖向枝幹上方。事情發生得太快，我都來不及感到害怕，直到我渾身濕透地試圖穿過濃密的灌木叢走到大馬路上時，才開始害怕。我知道自己需要冷靜地思考，我讓身體盡情顫抖，以釋放自己幾乎淹死的恐懼。從那天開始，我的生命出現了前所未有的專注感。

這本書是我嘗試著向我熱愛的人類夥伴們所拋出的救生圈，即使有一天我離世，希望大家依然能夠繼續成長茁壯。實際上，這也是我個人的嘗試——嘗試拯救我們的世界。

史提夫・畢度夫

附錄／

給專業人士和有興趣更深入了解的人

二〇〇八年時，霍奇金森（Hodgkinson）、蘭根—福克斯（Langan-Fox）和薩德勒—史密斯（Sadler-Smith）就《直覺：行為科學中的基本橋梁》此議題，對超感知進行了詳細的研究調查。埃文斯（Evans）和斯塔諾維奇（Stanovich）對《高等認知雙重理論：推進辯論》中的證據也進行了進一步的審視（二〇一三年）。

近來有更多的文章繼續加深了我們對「平行處理」（parallel processing）是如何運作的理解。西亞（Shea）和弗里斯（Frith）（二〇一六年）使用了術語「零型認知」（type 0 cognition），並將其描述為「以在無意識表徵上運行的自動計算過程為特徵」。這是將它稱為「超感知」的一個好理由！還有一些令人振奮的研究分支加入，例如：布羅斯南（Brosnan）、萊托（Lewton）和阿什溫（Ashwin）的文章，都在研究自閉症患者的平行處理。

有位專業的心理治療師對神經科學深感興趣，尤其是在兒童發展以及依附理論相交錯的部分上，他就是傳奇的艾倫・肖爾（Allan Schore）。肖爾的著作，《影響調節和自我的起源：情緒發展的神經生物學》（Affect Regulation and the Origin of the Self: The Neurobiology of Emotional Development），就是在探討，透過教養和心智成長的交互作用，我們是如何在功能上和結構上融合成了一個絕佳的綜合體。然而，它是一本非常需要專注力的讀物，整本書都在討論直覺（gut feeling），也提出我們是如何與直覺失去連結的精彩結論（Schore，第兩百一十八頁）。「母親與嬰兒調節系統中的交互影響缺陷，會導致孩子無法與自己『校準調頻』（in tune）。這種抑制成長的環境會讓個體產生高度的抑制、壓抑，而且還會從潛意識影響個體。這些經歷可能會干擾前額葉自主控制的發展，而前額葉自主控制是感受內在臟器、內在體感的『直覺』以因應真實和想像中的威脅產生時所必須的功能。」在第一章所提到的年輕母親兼醫生安蒂，可能就需要感謝她的父母了，因為她反應靈敏的內在信號，以及能夠對它們做出回應。因此，她能逃過劫難，繼續活下去。

從那之後，肖爾寫了後續一系列比較容易閱讀的書籍。二〇一九年發行的《潛意識思維的發展》（The Development of the Unconscious Mind），我認為是探討生命意義中最新、最具體的一本著作。

尤金・簡德林則是從一個截然不同的角度開始，他的暢銷書《聚焦》（Focusing）（一九八二年）以回到人類最根本的情緒，將舊有的存在與學習帶入全新的層面。簡德林既是哲學教授也是心理治療師，對他而言，身心問題從來就不存在，那是個整體的問題。安・韋瑟・康奈爾（Ann Weiser Cornell）的簡易手冊《聚焦的力量》（The Power of Focusing）（一九九六年）是本討喜的工作手冊，適用於自我治療或想要深化療癒工作的治療師。你也可以在Google搜尋到簡德林的演說，甚至是他親自示範的影片。這是看一個人如何依照自己的教導在過生活的無價之寶。

簡德林的當代徒弟在治療界廣為人知，他的軀體化（somaticization）概念與簡德林的深感（felt sense）不同，但方向是一樣的。貝塞爾・范德寇（Bessel Van Der Kolk）的著作根據生命經歷也巧妙地跟進並進行研究，像是他在二〇一五年發行的著作《心靈的傷，身體會記住》。范德寇提供了出色的訓練，你也可以輕鬆地在網路上搜尋到。然而，簡德林對我來說仍然是最豐富的資源，因為作為一名學術哲學家，他深入探討了人類究竟是什麼，尤其是我們並不像自己所體驗的那樣與所有生命分離這個部分。這部分隨後也成了我書寫靈性相關章節的基礎，當然這些也隱含在佛教、基督教神祕主義以及許多其他信仰傳統的教導中。

我在西方團體和家庭療法研究所的老師羅伯特和瑪麗．古丁在《通過重新決定療法改變生活》（一九九七年）一書中，詳細描述了我們文化中因受創的童年甚至是正常的童年所產生的「禁制令」。重新決定，是完形治療中成熟而合理的產物，它既沒有喪失其即時性和活力，也沒有喪失童年創傷在學習上進行神經連結的能力。正文中的「禁制令」列表並不完整，其實還有一些更嚴重的問題，但是那已經超出了自我療癒的既定範疇。我鼓勵治療師們閱讀古丁的著作中，為專業用途而設計的完整清單。

羅伯特．布萊和詹姆士．希爾曼（James Hillman）等人，或更早期的卡爾．榮格（Carl Jung）和克萊麗莎．平蔻拉．埃思戴絲等作家，都為現代人日益減少的內在感（內在化過程的智慧和自知）憂心。透過閱讀，我們可以清楚地知道，我們不僅有內在兒童，而且還有內在美洲虎或內在棕熊（或倉鼠），他們不但充滿活力，對周遭環境感知敏銳，而且比我們的意識腦更有整合性、更有知識至少上百倍；這還只是最底層而已。缺乏內在感對人類的運作是個災難——我們變得像機器人，欲望和不安全感也會使我們變得一團糟。

然而，儘管如此，當我們看見智慧和真實性（authenticity）時，我們都能辨識得出來，其實，把它們重新帶回生命中並不難。

對喪親之痛後死亡率的研究是相當廣泛的，關於可以採取哪些措施來預防這悲劇發生的最新和積極主動的研究是二〇一七年時金恩（King）、羅德維克（Lodwick）、瓊斯（Jones）、惠特克（Whitaker）和彼得森（Petersen）的研究。以下是他們的研究結論中的幾句話：「最近有一個團隊的研究顯示，憂鬱調解了喪親之痛以及隨後因哀慟導致的死亡率之間的關係，尤其是在男性身上。喪親之痛前幾個月的悲傷輔導，加上專為帶有複雜的悲傷情節的人所提供的談話療法，在降低這種風險（喪親之痛後死亡率）方面能夠發揮最大的功用。」

艾倫・瓦茲在《不安全的智慧》（The Wisdom of Insecurity）（一九五一年）中精彩地論述了如何活在當下。有趣的是，他將一九四〇年代後期描述為焦慮的年代；天知道他會對二〇二〇年代有何想法。一行禪師的《生活的藝術》一書是我最喜歡的，因為他對基於自我遺忘的行動主義提出了變革性的想法。這有句名言：「幸福快樂與和平源於苦難和疼痛的轉變。」情緒的動態本質——我們如何在流動的情緒中找到快樂，在情緒的康復過程中我們找到了目的——這當然是來自佛祖的訊息。耶穌所傳達的訊息（在他那個時代是非常激進的）是，我們在此一生是為了彼此而存在——每個人都很重要。

感謝

首先要感謝的是，藍鳥圖書公司的出版商卡羅・唐金森（Carole Tonkinson），她可說是本書的共同作者。卡羅對此主題有深刻的了解，並且理解本書所嘗試囊括的範疇。她從不催我，而且，還在倫敦的一家優雅的咖啡廳裡說了句所有作者都渴望聽到的話：「寫你想寫的。」

莎倫・畢度夫（Shaaron Biddulph）為我所做的一切穿針引線。從一開始，她就與我「交纏」在一起，也同時展現了和鼓勵了我的人性面。願上帝保佑你，莎倫。

感謝林克手稿服務公司（Lynk Manuscript Services）的尚恩・多耶（Sean Doyle）在早期對書本架構進行了調整，同時他也長期接觸靈性和自我成長，在他的幫助和鼓勵下，讓本書變得更加輕鬆和清晰。

艾莉森・霍華德（Alison Howard）、迪・戴維斯（Di Davies）、尼爾・西利托（Neil Shillito）和迪恩・耶茨（Dean Yates）閱讀了最早的草稿，並從他們對生命、苦痛、喜悅和成長的深刻思考中給了我很棒的回饋。

艾莉・畢度夫（Ari Biddulph）在各種知識領域種提供了快速、準確的評估研究，並添加了幽默和敏銳的評論。她也是位具有啟發性和勇氣的人。

哈克里・斯貝爾（Hockley Spare）是位細心且樂於助人的編輯，與他合作很愉快。充滿活力的英格麗・歐森（Ingrid Ohlsson）是我澳洲的潘・麥克米倫（Pan Macmillan）出版商。在印刷廠和紙張回收廠工作的人員、卡車司機、會計師、公關人員和出版社工作人員常被忽視，但我不會這麼做。感謝你們讓所有的書籍變成可出版的書。

林恩・愛德華茲（Lyn Edwards）使我的身體挺拔，並讓我長壽——這真的無比重要啊。

海倫・庫欣（Helen Cushing）教我關於心智的三種狀態，以及關於靜心冥想的很多知識。艾力克・哈里森的書也幫了很大的忙。我從沒見過海倫・嘉納（Helen Garner），但是她說故事時的敏銳、同情心和絕不批判的能力，已經影響了澳洲的每位作家。

四十年來，我聽從了超感知所發出的微弱資訊，覺得人類心理學以及西方對心智的觀點都缺少了某些東西。當我終於在沙漠中發現水坑時，帶著溫暖眼神和敏銳智慧的尤金・簡德林（Eugene Gendlin）之靈就坐在那。因此，謝謝他，也謝謝人文主義的傳統、關懷、關係心理學，它們再次興起，使我們擺脫了活得像機器的厄運。

國家圖書館出版品預行編目 (CIP) 資料

順應人性：活化超感知和身心系統，過上自己真正想要的生活 / 史提夫．畢度夫著；心意譯．-- 初版．-- 臺北市：遠流出版事業股份有限公司，2021.09
面；　公分
譯　自：Fully human : a new way of using your mind
ISBN 978-957-32-9250-0（平裝）
1. 超感知覺 2. 自我實現

176.28　　110012867

順應人性

活化超感知和身心系統，過上自己真正想要的生活

作　　者｜史提夫．畢度夫
譯　　者｜心意
總 編 輯｜盧春旭
執行編輯｜黃婉華
行銷企劃｜鍾湘晴
封面設計｜張湘華
美術設計｜王瓊瑤

發 行 人｜王榮文
出版發行｜遠流出版事業股份有限公司
地　　址｜台北市中山北路一段 11 號 13 樓
客服電話｜02-2571-0297
傳　　真｜02-2571-0197
郵　　撥｜0189456-1
著作權顧問｜蕭雄淋律師
ISBN｜978-957-32-9250-0

2021 年 9 月 1 日初版一刷
定　　價｜新台幣 420 元
（如有缺頁或破損，請寄回更換）

YLib 遠流博識網
http://www.ylib.com
Email: ylib@ylib.com